Authentiek Japans recepten kookboek

Ontdek de smaken van Japan met 100 traditionele gerechten

Zoe Morelli

© COPYRIGHT 2024 ALLE RECHTEN VOORBEHOUDEN

Dit document is gericht op het verstrekken van exacte en betrouwbare informatie over het behandelde onderwerp en de kwestie. De publicatie wordt verkocht met het idee dat de uitgever niet verplicht is om boekhoudkundige, officieel toegestane of anderszins gekwalificeerde diensten te verlenen. Als advies nodig is, juridisch of professioneel, moet een ervaren persoon in het beroep worden aangesteld.

Het is op geen enkele manier legaal om enig deel van dit document te reproduceren, dupliceren of verzenden in elektronische vorm of gedrukt formaat. Het opnemen van deze publicatie is strikt verboden en het opslaan van dit document is niet toegestaan, tenzij met schriftelijke toestemming van de uitgever. Alle rechten voorbehouden.

Waarschuwing Disclaimer, de informatie in dit boek is naar ons beste weten waar en volledig. Alle aanbevelingen worden gedaan zonder garantie van de kant van de auteur of de uitgever van het verhaal. De auteur en uitgever wijzen alle aansprakelijkheid af in verband met het gebruik van deze informatie

Inhoudsopgave

INVOERING..8

JAPANSE RECEPTEN..9

    1. Aubergine tempura met pindasaus.....................9

    2. Miso-aardappelen met groene asperges..........12

    3. Dashi met knapperige groenten........................15

    4. Sobanoedels met gebakken champignons.......18

    5. Dashi-bouillon...20

    6. Zijden tofu met kleurrijke wortels.....................22

    7. Anko (rode bonenpasta)...................................24

    8. Ramensoep met mierikswortel.........................26

    9. Ingelegde gember...30

    10. Ramennoedels met gefrituurde groenten.......32

    11. Asperge sushi bowl met koriander zalm.........34

    12. Cantharellennoedels met konjacnoedels........37

    13. Tofu-misosoep met sobanoedels....................40

    14. Gyozas...43

    15. Aspergesalade met rundvlees tataki...............47

    16. Matcha-ijs..51

    17. Matcha-latte..53

    18. Ramenbrood..55

    19. Ramen met kip en pompoen...........................59

    20. Ramen met champignons, tofu en kimchi......62

    21. Ramen met varkensbuik en ei.........................64

22. Radicchio Fittata met surimi...67

23. Gegrilde zalm met teriyakisaus...69

24. Geglazuurde kipfilets...71

25. Sobanoedels met sesamtofu..74

26. California rolls met garnalen...77

27. Gebakken sushi...80

28. Maki sushi met tonijn en komkommer...............................83

29. Forel met keta-kaviaar op enoki-paddestoelen.................85

30. Tong op citroen met eidooier..87

HOOFDGERECHT..89

31. Alpenzalm in Japanse marinade.......................................89

32. Alpenzalm in Japanse marinade.......................................91

33. Yaki Udon met Kipfilet..93

34. Gekookte varkensbuik..95

35. Rundvlees- en uienbroodjes...97

36. Yaki-Tori (Gegrilde Kipspiesjes)..99

37. Groentetempura met wasabimousseline.......................101

38. Sashimi...103

39. Tonijn Maki...105

40. Groente tempura..107

41. Garnalentempura...110

42. Chili kip rijst pan...112

43. Gyozas..114

44. Sushi & Maki variaties..116

45. Geglazuurde kip met sesamzaadjes.................................120

46. Japans gebraden varkensvlees.......................................122

47. Okonomiaki..124

48. Maki-taart..125

49. Runderrollade met jonge worteltjes...............................127

50. Aziatische noedels met rundvlees..................................129

GROENTERECEPTEN..131

51. Klein sashimi-bordje...131

52. Keta-kaviaar op daikonpuree..133

53. Koknozusalade met kikkererwten..................................135

54. Groente tempura..137

55. Groente Maki...140

56. Onigiri met rode kool en gerookte tofu.........................142

57. Yaki-Tori (Gegrilde Kipspiesjes)......................................144

58. Sushi & Maki variaties..146

59. Maki met tonijn, avocado en shiitake............................150

60. Maki met zalm, komkommer en avocado......................153

61. Maki met garnalen, komkommer en shiitake.................155

62. Courgette Parmezaanse Chips.......................................157

63. Japanse spinnenwebben...159

64. Maki sushi met tonijn en komkommer..........................161

65. Ura Makis-avocado...163

66. zoetzure soep...165

67. Wokgroenten met vlees..167

    68. Tonijn met chilischeuten...169

    69. Tempura van zalm en groenten....................................171

    70. Japanse noedelsalade..173

SOEP RECEPTEN..175

    71. Misosoep met shiitake-paddenstoelen........................175

    72. Veganistische misosoep..177

    73. Ramensoep met mierikswortel....................................179

    74. Tofu-misosoep met sobanoedels.................................183

    75. Japanse soep..186

    76. Japanse paddenstoelennoedelsoep.............................188

    77. Japanse noedelsalade..190

    78. zoetzure soep...192

    79. Japanse groentesoep...194

    80. Japanse soep met zeewier...196

VLEES RECEPTEN..198

    81. Rundvlees- en uienbroodjes..198

    82. Geglazuurde kip met sesamzaadjes.............................200

    83. Japans gebraden varkensvlees....................................202

    84. Runderrollade met jonge worteltjes...........................204

    85. Aziatische noedels met rundvlees...............................206

    86. Wokgroenten met vlees...208

    87. Japanse BBQ varkensbuik..210

    88. Japanse spareribs..212

    89. Sobanoedels met kip...214

90. Pasta met rundvlees en groenten...................................216
GEVOGELTE..219
91. Yaki Udon met Kipfilet..220
92. Chili kip rijst pan...222
93. Kip in pittige karnemelkpaneermeel............................224
94. Kippenpoten met tomaten..226
95. Kipfilet in een aromatische saus..................................228
96. Sobanoedels met kip..231
97. Sobanoedels..233
98. Roergebakken eendenborst.......................................235
99. Salade met kipfilet en groene asperges......................238
100. Yakitori..241
CONCLUSIE..243

INVOERING

De Japanse keuken is een van de oudste ter wereld, met een gevarieerde en rijke culinaire geschiedenis. Japanse recepten variëren per regio, maar je vindt er veel granen, sojaproducten, zeevruchten, eieren, groenten, fruit, zaden en noten in. Vanwege de overvloed aan zeevruchten en de invloed van het boeddhisme op de samenleving, worden kip, rundvlees, lam en varkensvlees spaarzaam gebruikt. De Japanse keuken is ook extreem voedzaam, gezond en energierijk. Of je nu op zoek bent naar gestoomde gerechten, gestoofde gerechten, gegrilde gerechten, gefrituurde gerechten of gerechten met azijn, je vindt er een breed scala aan opties.

JAPANSE RECEPTEN

1. Aubergine tempura met pindasaus

ingrediënten

Saus

- 2 rode pepers (klein)
- 10 eetlepels pindaolie
- 6 eetlepels tahin
- 2 eetlepels lichte sojasaus
- 2 eetlepels rode wijnazijn

Aubergine & beslag

- 8 aubergines (kleine stevige witpaarse aubergines van ca. 80 g per stuk)
- 400 gram bloem
- 4 eetlepels plantaardige olie
- 2 eetlepels wijnsteenbakpoeder
- 600 milliliter bruisend water (ijskoud)
- Plantaardige olie (om te frituren)

Decoratie

- 2 bosuitjes
- 2 theelepels sesamzaadjes (wit)

voorbereiding

Voor de saus

1. Maak de chilipepers schoon en was ze, halveer ze in de lengte en verwijder de zaadjes. Snijd de chilipepers in stukken, rasp ze fijn met de pindaolie in een vijzel. Meng de chilipeperolie, tahin, sojasaus en azijn door elkaar.

VOOR aubergine & beslag

2. Maak de aubergines schoon, spoel ze af, droog ze en snijd ze in de lengte in vieren.

Meng de bloem, olie, bakpoeder en mineraalwater met een garde tot een glad tempurabeslag.
3. Verhit de frituurolie in een grote pan tot ca. 160-180 graden. Het beste is om de auberginestukjes met een pincet of (praline)vork door het tempurabeslag te halen en voorzichtig in de hete olie te gieten. Bak in porties op middelhoog vuur ca. 4 minuten tot ze goudbruin en krokant zijn. Schep ze met een schuimspaan uit de olie en laat ze even uitlekken op keukenpapier.

Voor de decoratie

1. Maak de bosuitjes schoon, was ze, halveer ze en snijd ze in hele fijne reepjes. Leg ze in koud water tot ze geserveerd worden.
2. Verdeel de aubergine tempura met een beetje saus over de borden, bestrooi met een paar reepjes lente-ui en sesamzaadjes. Serveer direct.

2. Miso-aardappelen met groene asperges

ingrediënten

- 500 gram aardappelen (drieling)
- 400 milliliter dashi
- 100 gram gedroogde shiitake
- 4 eetlepels miso (lichte pasta)
- 500 gram bevroren edamame
- 10 groene aspergestengels
- 2 bosjes radijzen
- Zout
- 2 eetlepels rijstazijn
- zwarte sesam

voorbereiding

1. Schil, was en snijd de aardappelen doormidden. Verwarm de dashi en shiitake, laat 10 minuten rusten. Haal de shiitake met een schuimspaan uit de bouillon, gebruik deze niet meer. Voeg de aardappelen toe aan de bouillon en laat ongeveer 10 minuten sudderen. Voeg de miso toe, roer en kook nog 10 minuten.
2. Schil ondertussen de edamame uit de peulen. Was de asperges, schil het onderste derde deel en snijd de houtachtige puntjes eraf. Snijd de aspergestengels in 4 gelijke stukken. Maak de radijzen schoon, verwijder de jonge blaadjes, was de radijzen en snijd ze doormidden of in vieren, afhankelijk van de grootte. Spoel de radijsblaadjes goed af onder koud water en zet apart.
3. Doe de groenten, behalve de radijzen, in een stoompan. Giet ongeveer 1 cm water in een geschikte pan en breng aan de kook. Plaats de stoominzet voorzichtig in de pan en stoom de groenten met gesloten deksel ongeveer 6 minuten tot ze al dente zijn.

4. Haal de gestoomde groenten uit de pan, doe ze in een kom, meng ze met de radijsjes, zout en rijstazijn en breng op smaak. Serveer de gekookte miso-aardappelen met de gestoomde groenten en radijsblaadjes. Strooi er wat zwarte sesamzaadjes overheen en serveer.

3. Dashi met knapperige groenten

ingrediënten

Groenten

- 1 wortel
- 6 stronken broccoli (wilde broccoli, ca. 150 g; of "Bimi", broccoli met een lange stronk)
- 2 stengels bleekselderij
- 100 gram koningsoesterzwammen (in dunne reepjes gesneden of bruine champignons)
- 1 bosui
- 100 gram suikersnaperwten
- 20 gram gember

- 150 gram lotuswortels (verkrijgbaar als diepvriesschijfjes in de Asia shop)

Bouillon

- 1 liter dashi
- 100 milliliter sake
- 50 milliliter Mirin (zoete Japanse rijstwijn)
- 2 eetlepels lichte sojasaus
- 4 eetlepels gemberolie
- 4 korianderstengels (om te bestrooien)

voorbereiding

Voor Groenten

1. Schil de wortel en snijd in fijne reepjes. Was de broccoli, verkort de stengels een beetje. Maak de selderij schoon, verwijder de draden, was indien nodig en snijd in dunne plakjes heel schuin. Snijd indien nodig de beukenzwammen van het substraat.
2. Maak de bosuitjes schoon en was ze, snijd ze ook schuin in ringen. Maak de sugarsnaps schoon en was ze, snijd hele grote peulen schuin doormidden. Schil de gember en snijd ze in hele fijne reepjes.

Voor de bouillon

1. Breng de dashibouillon aan de kook en breng op smaak met sake, mirin, sojasaus en gemberolie. Laat de bereide groenten en bevroren lotuswortelschijfjes op laag vuur ongeveer 8 minuten sudderen tot ze knapperig zijn.
2. Spoel en droog de koriander en pluk de blaadjes. Schik dashi en groenten in kommen, bestrooi met korianderblaadjes en serveer.

4. Sobanoedels met gebakken champignons

ingrediënten

- 200 gram shiitake paddenstoelen (klein, vers)
- 1 rode peper
- 1 el lichte sojasaus
- 4 theelepels rijstsiroop
- 6 eetlepels sesamolie (geroosterd)
- 200 gram roze champignons
- 100 gram enoki-paddenstoelen (een soort met een lange steel; verkrijgbaar in goed gesorteerde supermarkten of op de markt)
- 400 gram soba (Japanse boekweitnoedels)
- 1 liter dashi
- 4 stengels koriander (of Thaise basilicum)

voorbereiding

1. Maak de shiitake schoon en snijd de droge steeltjes eraf. Maak de chilipeper schoon, spoel hem af en snijd hem in dunne ringetjes (werk met keukenhandschoenen). Meng de sojasaus, rijstsiroop, chilipeper en sesamolie en meng dit met de shiitake paddenstoelen. Laat het ongeveer 30 minuten trekken.
2. Maak ondertussen de champignons schoon en snijd ze in dunne plakjes. Snijd de enoki-paddestoelen van de steel. Bereid de sobanoedels volgens de aanwijzingen op de verpakking.
3. Doe de shiitake paddenstoelen in een pan en bak ze ongeveer 2 minuten. Verwarm de dashi bouillon.
4. Doe de afgewerkte noedels, gebakken shiitake, rauwe paddenstoelen en enoki paddenstoelen in kommen en giet de hete dashi bouillon erover. Spoel de koriander af, schud droog en leg op de pasta. Serveer direct.

5. Dashi-bouillon

ingrediënten

- 4 reepjes algenbladeren (kombu-algen, gedroogd zeewier; elk ongeveer 2 x 10 cm groot; bijvoorbeeld in een biologische winkel of Aziatische winkel)
- 6 gedroogde shiitake (ongeveer 15 g)

voorbereiding

1. Doe de kombu-algen en shiitake-paddenstoelen in een pan met 1 liter koud water. Verwarm het water langzaam tot ongeveer 60 graden (werk met een thermometer). Haal de pan van het vuur.

Laat de bouillon met het deksel erop 30 minuten staan.
2. Giet de bouillon door een fijne zeef en gebruik het voor andere recepten of bewaar het goed afgesloten in een schroefdoppot in de koelkast. De dashibouillon blijft daar 3-4 dagen goed.

6. Zijden tofu met kleurrijke wortels

ingrediënten

- 1 theelepel zwarte sesamzaadjes
- 2 biologische sinaasappels
- 4 theelepels lichte sojasaus
- 2 theelepels citroensap
- 2 theelepels gemberolie
- 5 eetlepels sinaasappeljam
- 800 gram biologische wortelen (geel, roodpaars)
- zout
- eetlepels sesamolie (geroosterd)
- 800 gram zijden tofu

- 4 stengels Thaise basilicum

voorbereiding

1. Bak de zwarte sesam in de pan zonder vet en haal hem eruit. Spoel de sinaasappels af met heet water, dep ze droog en rasp de schil fijn. Halveer een sinaasappel en pers het sap eruit. Meng de sinaasappelschil en het sap, sojasaus, citroensap, gemberolie en sinaasappeljam en breng op smaak.
2. Maak de wortels schoon, schil ze en snijd ze in fijne, gelijkmatige staafjes. Kook het water in een pannetje, kook de wortelstaafjes er ongeveer 2 minuten in zodat ze nog knapperig zijn, giet ze af en giet ze kort in ijswater. Laat de staafjes uitlekken, bestrooi ze licht met zout en meng ze met de sesamolie.
3. Snijd de tofu in stukken van 3 x 4 cm, schik ze en besprenkel ze met de sinaasappeldressing. Leg de worteltjes naast de tofu en bestrooi met sesamzaadjes. Spoel de Thaise basilicum af, dep ze droog, pluk de blaadjes en strooi ze over de worteltjes.

7. Anko (rode bonenpasta)

ingrediënten

- 250 gram adzukibonen
- 200 gram suiker
- water

voorbereiding

1. Doe de adzukibonen in een kom met water en laat ze een nacht weken.
2. Giet de volgende dag het water af en doe de bonen in een pan. Bedek met water en breng het aan de kook.

3. Giet het water af en bedek de bonen met vers water en kook ze ongeveer 60 minuten tot ze zacht zijn. Het decanteren zorgt ervoor dat de anko later niet bitter smaakt.
4. Giet het kookwater af en vang wat op. Roer de suiker door de adzukibonen zodat het oplost. Pureer tot slot de peulvruchten tot een pasta. Als de consistentie te dik is, roer er dan een beetje kookwater door.

8. Ramensoep met mierikswortel

ingrediënten

- ½ stokje Allium (prei)
- 1 ui
- 2 teentjes knoflook
- 80 gram gember (vers)
- 2 eetlepels olie
- 1 varkenspoot
- 1 kilo kippenvleugels
- zout
- 2 stuks (kombu-algen; gedroogde algen; Asia shop)
- 30 gram gedroogde shiitake
- 1 bosje lente-uitjes

- 2 eetlepels sesamzaadjes (licht)
- 1 vel nori
- 6 eieren
- 300 gram ramennoedels
- 50 gram miso (licht)
- 2 eetlepels Mirin (Japanse witte wijn)
- 65 gram mierikswortel
- Sesamolie (geroosterd)

voorbereiding

1. Maak de prei schoon, was hem en snijd hem in grote stukken. Pel de ui en knoflook, kwart de ui. Was 60 g gember en snijd hem in plakjes. Verhit olie in een pan. Rooster de prei, ui, knoflook en gember hierin op hoog vuur tot ze lichtbruin zijn.
2. Doe de gebakken groenten met de afgespoelde varkensknokkel en kippenvleugels in een grote pan en vul aan met 3,5 liter water. Breng alles langzaam aan de kook en laat op laag vuur zonder deksel ongeveer 3 uur sudderen. Schep het opstijgende schuim eraf. Breng de bouillon na 2 uur op smaak met zout.
3. Giet de bouillon door een fijne zeef in een andere pan (voor ca. 2,5–3 l). Ontvet de

bouillon eventueel een beetje. Veeg het kombu-zeewier af met een vochtige doek. Voeg de shiitake-paddenstoelen en kombu-algen toe aan de hete bouillon en laat 30 minuten trekken.
4. Verwijder de varkensknokkel van zwoerd, vet en bot en snijd in hapklare stukken. Gebruik de kippenvleugels niet voor de soep (zie tip).
5. Schil de overige gember en snijd in dunne reepjes. Maak de bosuitjes schoon en was ze, snijd ze in fijne ringetjes en leg ze in koud water. Rooster de sesamzaadjes in een droge pan tot ze lichtbruin zijn. Snijd de nori-zeewier in vieren, rooster ze kort in een droge pan en snijd ze in hele dunne reepjes. Pluk de eieren, kook ze 6 minuten in kokend water, spoel ze af met koud water, pel ze voorzichtig. Kook de pasta 3 minuten in kokend water, giet ze in een zeef, spoel ze kort af met koud water en giet ze af.
6. Haal de paddenstoelen en combi-algen uit de bouillon. Verwijder de steeltjes van de paddenstoelen, hak de paddenstoelenhoedjes fijn, gebruik de combi-algen niet meer. Verwarm de bouillon (niet koken). Roer de

misopasta en mirin erdoor, voeg de gehakte shiitake-paddenstoelen toe. Laat de bosuitjes uitlekken in een vergiet. Schil de mierikswortel.
7. Verdeel de bouillon in kommen. Doe de varkensknokkel, noedels, gehalveerde eieren, sesamzaadjes, gember, bosui en nori zeewier erin. Serveer met veel versgeraspte mierikswortel en sesamolie.

9. Ingelegde gember

ingrediënten

- 200 gram gember
- 2 theelepels zout
- 120 milliliter rijstazijn
- 2 theelepels suiker

voorbereiding

1. Was en schil eerst de gemberknol. Snijd daarna in hele dunne plakjes.
2. Meng de gemberschijfjes met het zout in een kom en laat het ongeveer een uur

trekken. Dep de gember daarna af met keukenpapier.
3. Breng de rijstazijn en suiker aan de kook op middelhoog vuur, zodat de suiker oplost. Voeg vervolgens de gemberschijfjes toe en roer goed.
4. Giet de gember met de hete bouillon in een steriel glas en sluit het goed af. De ingelegde gember moet ongeveer een week trekken voordat het gebruikt kan worden.

10. Ramennoedels met gefrituurde groenten

ingrediënten

- 200 gram wortelen
- 200 gram bloemkool
- 200 gram courgette
- 2 eetlepels olijfolie
- zout
- 2 eetlepels zonnebloempitten
- 10 bieslookstengels
- 180 gram ramennoedels (zonder ei)
- 1 glas ("Viva Aviv Dressing" voor groenten van Spice Nerds en BRIGITTE; 165 ml)
- Peper (eventueel versgemalen)

voorbereiding

1. Verwarm de oven voor op 220 graden, heteluchtoven op 200 graden, gasstand 5.
2. Maak de wortels, bloemkool en courgette schoon en was ze en snijd ze in stukken van 2-3 cm lang. Meng met olijfolie en ½ theelepel zout en leg ze op een bakplaat met bakpapier. Rooster ze in een hete oven gedurende ongeveer 18-20 minuten.
3. Rooster de zonnebloempitten in een pan zonder vet. Haal ze eruit. Was en droog de bieslook, snijd ze in rolletjes. Kook de pasta volgens de aanwijzingen op de verpakking. Verwarm de groentedressing.
4. Giet de pasta af en leg op een bord met de geroosterde groenten. Giet de dressing erover, bestrooi met bieslook en zonnebloempitten. Breng eventueel op smaak met zout en peper.

11. Asperge sushi bowl met koriander zalm

ingrediënten

- 200 gram basmatirijst (of geurige rijst)
- zout

saus

- 2 eetlepels (Yuzu-sap, Japans citroensap, zie productinformatie, of eventueel citroensap)
- 3 eetlepels sojasaus
- 1 theelepel sesamolie (geroosterd)
- 1 eetlepel vissaus
- 3 eetlepels ketjap manis
- ½ bosje bieslook
- 90 gram shiitake paddenstoelen (klein)

- 100 gram radijsjes (klein)
- 500 gram groene asperges
- ½ theelepel korianderzaad
- 3 stukken zalmfilets (100 g per stuk, klaar om te koken zonder vel of graat)
- Peper (versgemalen)
- 2 eetlepels olie
- 6 (Bieslookbloemen)

voorbereiding

1. Kook de rijst in licht gezouten water volgens de instructies op de verpakking of in een rijstkoker. Houd de gekookte rijst warm.

Voor de saus

2. Meng het yuzusap, de sojasaus, de sesamolie, de vissaus en de ketjap manis.
3. Bieslook spoelen en drogen, in rolletjes snijden. Champignons schoonmaken, steeltjes iets korter snijden, grotere champignons halveren. Radijsjes schoonmaken en spoelen, grotere radijzen in plakjes snijden.
4. Spoel de asperges af, schil het onderste derde deel, snijd de uiteinden eraf. Kook de

asperges kort in kokend gezouten water gedurende 3-4 minuten. Laat uitlekken, snijd dikke stengels in de lengte doormidden.

5. Maal de koriander fijn in een vijzel. Bestrooi de zalmstukken met zout, peper en koriander. Verhit 1 eetlepel olie in een pan met antiaanbaklaag. Bak de zalm hierin op hoog vuur 2-3 minuten aan elke kant. Voeg in de laatste 2 minuten 1 eetlepel olie toe, voeg de champignons toe en bak. Voeg 2 eetlepels saus toe en hussel alles kort door elkaar.

6. Schik rijst, asperges, radijsjes, champignons en zalm in kommen. Bestrooi met bieslook en een paar gescheurde bieslookbloemen. Besprenkel met de resterende saus en serveer.

12. Cantharellennoedels met konjacnoedels

ingrediënten

- 250 gram cantharellen
- 300 gram radicchio
- 150 gram venkel (jonge venkel)
- 30 gram pijnboompitten
- 1 sjalot
- 3 tijm
- 50 gram spek
- Peper (versgemalen)
- 200 noedels (konjak noedels, zie productinformatie)
- 2 eetlepels lichte sojasaus
- 1 eetlepel rijstwijnazijn
- 100 gram burrata (of mozzarella)

voorbereiding

1. Maak de cantharellen schoon. Maak de radicchio schoon, was de bladeren, zwier droog en snijd in reepjes. Maak de venkel schoon en was deze, snijd in hele dunne plakjes of snijd in plakjes en bestrooi met zout. Zet het venkelgroen apart.
2. Rooster de pijnboompitten in een pan zonder vet tot ze goudbruin zijn. Sjalotten snipperen en fijn snipperen. Was de tijm, dep droog en verwijder de blaadjes van de takjes.
3. Bak de bacon langzaam in een pan zonder vet op middelhoog vuur. Haal de baconplakjes uit de pan, laat ze uitlekken op keukenpapier en houd ze warm.
4. Bak de sjalotblokjes in het hete vet van het spek, voeg de cantharellen en tijm toe en bak ze heet. Breng op smaak met zout en peper.
5. Doe de pasta in een vergiet, spoel grondig af met koud water en bereid volgens de aanwijzingen op de verpakking. Meng de uitgelekte pasta en radicchioreepjes met de sojasaus en azijn, spatel door de

champignons en serveer met de burrata en plakjes spek. Strooi er pijnboompitten, versgemalen peper en venkelgroen over en serveer direct.

13. Tofu-misosoep met sobanoedels

ingrediënten

- Soba (soba-noedels: spaghetti gemaakt van boekweit en tarwe)
- 2 theelepels sesamolie (geroosterd)
- 1 eetlepel sesamzaadjes
- 4 bosuitjes

- 2 mini komkommers
- 100 gram spinazieblaadjes
- 200 gram tofu
- 1¼ liter groentebouillon
- 1 stukje gember (ca. 20 g)
- 2 tl (instant wakame-algen)
- 2½ el Shiro miso (pasta van de biologische of Aziatische markt)
- Korianderblaadjes (voor garnering)

voorbereiding

1. Kook de sobanoedels volgens de aanwijzingen op de verpakking. Giet in een zeef, laat goed uitlekken en meng met de sesamolie. Rooster de sesamzaadjes in een antiaanbakpan tot ze goudbruin zijn. Haal het van het vuur en laat het afkoelen.
2. Maak de bosuitjes schoon en was ze, snijd het witte en lichtgroene deel in fijne ringen. Was de komkommers en snijd ze in staafjes van ongeveer 3 cm lang. Sorteer de spinazie, was en schud droog, verwijder de grove stelen. Dep de tofu droog en snijd in blokjes van 2 cm.
3. Breng de bouillon aan de kook in een pan. Schil de gember en snijd in plakjes, voeg toe

aan de bouillon met het zeewier en laat ongeveer 2 minuten sudderen. Meng de misopasta met 5 eetlepels water tot een gladde massa, voeg toe aan de bouillon en laat nog 5 minuten koken. Voeg vervolgens tofu, bosui en komkommer toe aan de soep en breng aan de kook.

4. Om te serveren, was de koriander en schud droog. Verdeel de sobanoedels en spinazie in kommen of kopjes en giet de kokende bouillon erover. Strooi de geroosterde sesamzaadjes en korianderblaadjes erover. Serveer direct.

14. Gyozas

ingrediënten

Vulling

- 200 gram varkensgehakt (bij voorkeur biologisch)
- 10 gram gedroogde shiitake
- 10 gram gedroogde paddenstoelen (Mu-Err paddenstoelen)
- 50 gram wortelen
- ½ rode ui
- 1 teentje knoflook
- 7 eetlepels olie

- 1 el vissaus (Aziatische winkel of supermarkt)
- zout
- Peper (versgemalen)

Saus

- 30 milliliter rijstazijn (zwart)
- 50 milliliter sojasaus
- 24 (diepvries gyoza-deegvellen, ca. 120 g;)

voorbereiding

Voor de vulling

1. Haal het gehakt ongeveer 30 minuten voor het koken uit de koelkast. Week beide soorten paddenstoelen ongeveer 30 minuten in lauw water.

voor de saus

2. Meng de zwarte rijstazijn en sojasaus en zet het apart.
3. Maak de wortels schoon, schil ze en rasp ze fijn. Laat de geweekte champignons uitlekken, knijp ze goed uit en snijd de steeltjes eraf. Hak de hoedjes fijn. Pel de ui en knoflook en hak ze fijn.

4. Verhit 3 eetlepels olie in een antiaanbakpan, bak de champignons, uien en knoflook 5 minuten. Laat het afkoelen. Kneed het gehakt met het champignonsmengsel en de geraspte wortelen en breng op smaak met vissaus, een beetje zout en peper.
5. Ontdooi de gyoza bladeren. Neem slechts 1 bladerdeeg van de stapel en leg ongeveer 11/2 theelepels van de vulling in het midden. Bestrijk de rand van het deeg rondom met een beetje koud water, vouw de onderste helft van het deeg over de vulling en knijp het in een golfvorm aan één kant. Doe hetzelfde met de resterende vulling en deegvellen, gebruik slechts 1 vel tegelijk zodat het dunne deeg niet uitdroogt, bereid in totaal 24 Gyozas.
6. Verhit 2-3 eetlepels olie in een grote antiaanbakpan. Bak ongeveer 12 dumplings met de gegolfde naad naar boven gedurende 2 minuten op hoog vuur tot ze knapperig zijn. Bak ze vervolgens afgedekt op laag tot middelhoog vuur gedurende ongeveer 4-5 minuten.
7. Haal de afgewerkte dumplings voorzichtig van de bodem van de pan en houd ze warm.

Doe hetzelfde met de resterende gyoza's.
Serveer de gyoza's met de saus.

15. Aspergesalade met rundvlees tataki

ingrediënten

Tataki

- 400 gram ossenhaas (bij voorkeur biologisch)
- 1 theelepel sesamolie (geroosterd)
- 3 eetlepels sojasaus
- 30 gram geklaarde boter

Dressing

- 2 sjalotten
- 200 milliliter groentebouillon
- 5 eetlepels limoensap
- 5 eetlepels olie (bijv. pindaolie)
- 2 theelepels sesamolie (geroosterd)
- 1 theelepel wasabi
- Peper (versgemalen)

- 1 theelepel gembersiroop

Salade

- 1 kilogram aspergetips (gekleurde, afwisselend groene en witte aspergestengels)
- 100 gram shiitake-paddenstoelen
- 100 gram bruine champignons
- zout
- 20 gram boter
- 1 theelepel suiker
- 1 bosje rucola
- 1 theelepel sesamzaadjes

voorbereiding

Voor de Tataki

1. Dep het vlees droog met keukenpapier. Meng de sesamolie en sojasaus en bestrijk het vlees ermee. Wikkel het in huishoudfolie en laat het ongeveer 2 uur rusten in de koelkast.
2. Haal het vlees uit de folie en laat het 30 minuten rusten en temperen op kamertemperatuur. Verhit geklaarde boter in een pan en schroei het vlees aan alle

kanten dicht. Haal het dan uit de pan, wikkel het in aluminiumfolie en laat het volledig afkoelen. Snijd het vlees later in hele dunne plakjes en leg ze op de salade om te serveren.

Voor de dressing

1. Pel en snijd de sjalotten fijn. Breng de bouillon aan de kook en bak de sjalotblokjes er ongeveer 1 minuut in. Roer er limoensap, pinda- en sesamolie, wasabi, peper en gembersiroop door. Breng de dressing op smaak en zet apart.

Voor de salade

2. Spoel de aspergepunten af en snijd de uiteinden kort. Schil de hele aspergestengels en snijd ze in stukken van 2-3 cm lang. Verwijder de stelen van de shiitake-paddestoelen en snijd de hoeden in plakjes. Maak de paddenstoelen schoon en snijd ze in kwarten of achtsten, afhankelijk van hun grootte.
3. Breng ruim water, een beetje zout, boter en suiker aan de kook. Kook de asperges hierin 4-6 minuten. Voeg de shiitake-paddestoelen

toe en kook nog een minuut. Roer 2-3 eetlepels aspergewater door de dressing. Giet de asperges en shiitake-paddestoelen af, laat ze kort uitlekken en meng ze voorzichtig met de warme dressing. Laat het ongeveer 1 uur trekken.

4. Sorteer de rucola, spoel af, schud droog en schep door de asperges met de champignons. Breng de salade opnieuw op smaak met zout en peper. Schik de plakjes vlees op de salade.

5. Rooster de sesamzaadjes in een pan tot ze goudbruin zijn, haal ze eruit. Bestrooi de salade met een beetje peper en serveer.

16. Matcha-ijs

ingrediënten

- 2 eetlepels matcha (matcha-theepoeder)
- 140 gram suiker
- 4e biologische eidooiers
- 200 milliliter melk
- 200 gram slagroom
- 200 gram bosbessen
- Matcha (Matcha-theepoeder om te bestuiven)

voorbereiding

1. Meng de matchapoeder en 2 eetlepels suiker. Klop de eidooiers en de resterende

suiker met de handmixer gedurende minimaal 5 minuten tot een licht en romig mengsel.
2. Verwarm de melk voorzichtig in een pannetje (tot ongeveer 80 graden), voeg dan een paar lepels melk toe aan het theepoedermengsel zonder verdere hitte toe te passen en roer goed zodat er geen klontjes meer te zien zijn. Voeg dan de theepasta toe aan de rest van de warme melk en roer goed.
3. Voeg de eidooierroom toe aan het matcha-melkmengsel, roer goed en laat afkoelen. Klop de room stijf en spatel deze erdoor.
4. Giet het mengsel in de ijsmachine en laat het 30 minuten bevriezen tot het romig is.
5. Giet de room in een metalen vorm (zonder ijsmachine) en zet deze in de vriezer.
6. Na 30 minuten roert u het mengsel kort door, vriest u het opnieuw in en roert u het na 1 uur weer goed door. Zet het dan weer minimaal 2 uur in de vriezer.
7. Sorteer de bosbessen, spoel ze af en laat ze goed uitlekken op keukenpapier. Vorm het ijs met een ijsschep tot balletjes en serveer met de bosbessen.
8. Serveer met een beetje poederthee.

17. Matcha-latte

ingrediënten

- 1 theelepel matcha (matcha-theepoeder)
- 400 milliliter melk (eventueel soja- of amandelmelk)
- Matcha (Matcha-theepoeder om te bestuiven)

voorbereiding

1. Doe matchapoeder in een kom met 100 ml heet water en klop het met een bamboegarde (voor matchathee) tot het

schuimig wordt (of gebruik een kleine garde).
2. Verdeel de thee over de 2 glazen.
3. Verwarm de melk (niet laten koken) en klop deze met een melkopschuimer tot een romige massa.
4. Giet langzaam melk bij de thee. Bestrooi met een beetje matchapoeder en serveer de matcha latte direct.

18. Ramenbrood

ingrediënten

- 500 gram kippenvleugels (bij voorkeur biologisch)
- 800 gram varkensbuik (vers, bij voorkeur biologisch)
- 80 gram gember
- 4 teentjes knoflook
- 1 stengel prei
- 500 gram wortelen
- 100 milliliter sojasaus
- 100 milliliter mirin (rijstwijn om te koken)
- zout

- 25 gram boter (koud)

Kombu Dashi (Algenpaddestoel Zacht)

- 1 stuk zeewier (kombu zeewier, gedroogd zeewier, ongeveer 8 g)
- 4 gedroogde shiitake (25 g)

voorbereiding

1. Verwarm de oven voor op 220 graden, heteluchtoven op 200 graden, gasovenstand 5.
2. Spoel de kippenvleugels af, dep ze droog en leg ze op een bakplaat. Rooster ze op de bovenste plank in de oven gedurende ongeveer 30 minuten tot ze goudbruin zijn. Doe de varkensbuik in een vergiet en doe ze in een grote kom of in de gootsteen. Giet kokend water over het vlees (om mogelijke troebelheid in de latere bouillon te voorkomen).
3. Schil de gember en snijd in plakjes. Pers de knoflook uit op het werkblad en verwijder de schil. Maak de prei schoon, spoel af en snijd in kleine blokjes. Schil de wortels en snijd ze ook in blokjes.

4. Doe de bereide groenten, geroosterde kippenvleugels en varkensbuik in een grote pan of braadpan. Giet er 3-3,5 liter koud water (genoeg om alles goed te bedekken), sojasaus en mirin bij en breng op smaak met 1 theelepel zout. Breng langzaam aan de kook op middelhoog vuur en laat vervolgens ongeveer 3 uur zachtjes sudderen zonder deksel. Schep af als er schuim ontstaat.

Voor de Kombu Dashi

1. Halveer de kombu-algen en week ze ongeveer 10 minuten in heet water. Week de shiitake kort in warm water.
2. Haal de kombu en shiitake uit het water. Laat ze samen in een pannetje met 250 ml water op laag tot middelhoog vuur ongeveer 20 minuten sudderen; niet laten bubbelen, anders kan de smaak zuur worden.
3. Giet de algenbouillon door een fijne zeef en zet apart (ongeveer 140 ml). Gebruik geen shiitake en kombu meer.
4. Haal de varkensbuik uit de vleesbouillon, gebruik deze eventueel voor "ramen met

varkensbuik en ei". Haal ook de vleugels eruit (zie tips). Giet de bouillon door een vergiet bekleed met kaasdoek.
5. Verwarm de bouillon opnieuw, voeg de boter toe en roer krachtig met een garde. Giet vervolgens de kombu dashi erbij, breng op smaak en blijf gebruiken.

19. Ramen met kip en pompoen

ingrediënten

- 400 gram kipfilet (bij voorkeur biologisch)
- el sojasaus (soja-sesamsaus)
- eetlepels chilisaus
- 3 eetlepels sesamzaadjes
- ½ theelepel zout
- 40 gram gember
- 250 gram Hokkaido
- ½ bosje koriander
- 1 ⅓ liter bouillon (ramenbouillon)
- 250 gram soba (gemaakt van boekweit- of tarweramennoedels)

- 3 eetlepels miso (lichte pasta, 75 g)

voorbereiding

1. Spoel de kipfilets af, dep ze droog en wrijf ze in met 2 eetlepels saus per stuk. Dek af en laat ze minstens 2 uur, bij voorkeur een nacht, afkoelen op kamertemperatuur.
2. Rooster de sesamzaadjes en het zout in een pan tot ze goudbruin zijn en haal ze eruit.
3. Schil de gember en snijd in hele dunne reepjes. Was en maak de pompoen goed schoon en snijd in plakken van ongeveer 1/2 cm dik. Snijd indien nodig grote gaten doormidden. Was de koriander, dep droog en pluk de blaadjes van de steeltjes.
4. Breng de bouillon aan de kook en laat de kipfilets op laag vuur 15-20 minuten sudderen. Haal het vlees uit de bouillon, dek af en laat kort rusten.
5. Doe de pompoenpartjes en gember in de hete bouillon, doe het deksel erop en kook ongeveer 7 minuten. Haal de pompoen en gember eruit met een schuimspaan en houd ze warm.
6. Kook de pasta in water volgens de aanwijzingen op de verpakking, giet af. Voeg

de miso toe aan de hete bouillon en meng kort met de staafmixer. Snijd de kipfilets in dunne plakjes.

7. Doe 1-2 eetlepels van elk van de twee kruidensauzen in 4 voorverwarmde soepkommen. Verdeel de pasta, kip, pompoen en gember over de kommen en giet de hete misobouillon erover. Strooi sesamzout en korianderblaadjes erover en serveer. Als je wilt, kun je de soep op smaak brengen met de twee sauzen.

20. Ramen met champignons, tofu en kimchi

ingrediënten

- 300 gram tofu (zacht)
- 6 eetlepels sojasaus (soja-sesamsaus)
- 6 eetlepels chilisaus
- 1 bosje bieslook
- 1 ⅓ liter bouillon (ramenbouillon)
- 100 gram bruine champignons (of shiitake-paddestoelen)
- 250 gram ramennoedels (of dikke udonnoedels, gemaakt van tarwe)
- 100 gram groenten (kimchi, Koreaanse ingemaakte groenten)

- 1 eetlepel zwarte sesamzaadjes

voorbereiding

1. Snij de tofu in blokjes van 2 cm, meng met 2 eetlepels van elk van de sauzen en laat minstens 10 minuten staan. Spoel de bieslook af, dep droog en snij in stukken van 3-4 cm lang.
2. Breng de bouillon aan de kook. Maak de champignons schoon, snijd de kleine exemplaren dwars op de champignonhoed, halveer of kwarteer de grotere exemplaren. Voeg de champignons toe aan de bouillon en laat ongeveer 10 minuten op middelhoog vuur sudderen. Voeg de tofu toe aan de bouillon en verwarm deze. Kook de pasta volgens de aanwijzingen op de verpakking en giet af.
3. Giet de kimchi af, snijd in hapklare stukken en verdeel over 4 voorverwarmde soepkommen. Besprenkel ze met 1 el van de pittige saus en verdeel de noedels over de kommen.
4. Verdeel ook de champignons, tofu en bouillon over de kommen. Serveer bestrooid met bieslook en sesamzaadjes. Als je wilt, kun je

de soep op smaak brengen met de twee sauzen.

21. Ramen met varkensbuik en ei

ingrediënten

- 4 biologische eieren
- 9 eetlepels sojasaus (soja-sesamsaus)
- 200 gram radijsjes (wit)
- 1 theelepel boter
- 3 eetlepels paneermeel (vers of panko, Japans paneermeel)
- 1 snufje zout

- 3 bosuitjes
- 800 gram varkensbuik (koud, gekookt)
- eetlepels chilisaus
- 250 gram ramennoedels
- 1 ⅓ liter bouillon (ramenbouillon)
- 1 theelepel chilipepers (Togarashi, Japanse chilipepermix of een halve mix van chilivlokken en zwarte sesam)

voorbereiding

1. Verwarm de oven voor op 200 graden, heteluchtoven op 180 graden, gasstand 4.
2. Prik de eieren in en kook ze ongeveer 7 minuten in water tot ze wasachtig zijn. Giet ze af, spoel ze af met koud water en pel ze. Giet 3-4 eetlepels soja-sesamsaus over de eieren en laat het minstens 30 minuten trekken.
3. Schil en rasp de radijs grof. Verhit de boter in een pan, rooster het broodkruim en zout het tot het goudbruin is. Maak de bosuitjes schoon en was ze, snijd ze in fijne ringetjes.
4. Verwijder de zwoerd en eventueel wat vet van de varkensbuik. Snijd de buik in 1 cm dikke plakken, leg in een ovenschaal, besprenkel met 2-3 eetlepels sojasaus,

sesamzaadjes en 2 eetlepels chilisaus. Zet ongeveer 10 minuten in de hete oven.

5. Kook de ramennoedels volgens de aanwijzingen op de verpakking en giet af. Breng de ramenbouillon aan de kook. Halveer de eieren.
6. Doe 1 eetlepel soja sesamzaad en chilisaus in 4 voorverwarmde soepkommen. Verdeel de pasta over de kommen en vul ze met de hete bouillon. Verdeel de varkensbuik, eihelften, radijs en bosui erover. Bestrooi met het broodkruim en eventueel togarashi en serveer direct.

22. Radicchio Fittata met surimi

ingrediënten

- 1 rode ui (60 g, fijngesneden)
- 1 teentje knoflook (fijngehakt)
- 2 theelepels olijfolie
- 80 gram radicchio (in dunne plakjes gesneden)
- 2 biologische eieren (maat M)
- 50 gram magere kwark
- 1 el parmezaanse kaas (geraspt)
- zout
- Peper (versgemalen)
- 20 gram kappertjes (fijn)

- 60 gram cherrytomaatjes (gehalveerd)
- 3 stukjes surimi (sticks, 50 g)
- Kruidenblaadjes (eventueel een paar groene)

voorbereiding

1. Verwarm de oven voor op 180 graden, heteluchtoven op 160 graden, gasstand 3.
2. Bak de ui en knoflook in een antiaanbakpan in olijfolie. Voeg radicchio toe en bak 2-3 minuten.
3. Meng de eieren, kwark, parmezaan, zout en peper door elkaar. Giet het eimengsel over de groenten en roer goed door in de pan. Bestrooi met kappertjes en laat het ei op laag vuur rijzen gedurende ongeveer 2-3 minuten. Bak de frittata in de oven op het middelste rek gedurende 15-20 minuten. Wikkel indien nodig de pangreep in aluminiumfolie.
4. Haal de frittata uit de pan en serveer met tomaten, surimi en eventueel een paar kruidenblaadjes.

23. Gegrilde zalm met teriyakisaus

ingrediënten

- 4 stukken zalmfilet (ca. 250 g per stuk)
- 2 theelepels suiker
- 2 eetlepels sake (eventueel witte wijn of milde sherry)
- 2 eetlepels rijstwijn (mirin)
- 4 eetlepels sojasaus (Japans)
- 1 pakje tuinkers
- 1 stuk radijs (ca. 15 cm, wit, geraspt)
- Olie om te frituren)

voorbereiding

1. Dep de zalmfilets schoon en verwijder het vel en de graten.
2. Voor de teriyakisaus roert u de suiker, sake, rijstwijn en sojasaus door elkaar tot de suiker is opgelost (indien nodig lichtjes opwarmen).
3. Leg de zalm ongeveer 10 minuten in de saus en draai hem regelmatig om.
4. Bereiding op de grill: Laat de vis uitlekken en grill hem op een rooster ongeveer 3 minuten aan elke kant. Besprenkel de vis met de rest van de marinade.
5. Bereiding in de pan: Verhit de olie en bak de vis ongeveer 3 minuten aan elke kant. Giet de overtollige olie af, verwarm de resterende marinade in de pan en laat de zalm een paar minuten in de saus weken.
6. Schik de zalm met de resterende marinade op vier borden. Garneer met de schoongemaakte tuinkers en geraspte radijs.

24. Geglazuurde kipfilets

ingrediënten

- 2 kipfilets (ca. 400 g; bij voorkeur biologisch)
- 1 stukje gember (vers, 2 cm)
- 1 teentje knoflook
- 150 milliliter rijstwijn (zoet, mirin; eventueel sherry)
- 150 milliliter sojasaus (Japans)
- 3 eetlepels bruine suiker
- zout
- 3 eetlepels sesamolie
- 1½ el pinda's (ongezouten)

voorbereiding

1. Spoel de kipfilets af en dep ze droog. Schil en rasp de gember of pers door de knoflookpers. Pel en plet het teentje knoflook. Meng de gember en knoflook met de rijstwijn, sojasaus, suiker, een snufje zout en 1 theelepel sesamolie.
2. Doe het vlees in een kleine kom en bedek met de marinade. Dek af en laat minstens 3 uur, bij voorkeur een nacht, in de koelkast rusten. Draai het vlees indien nodig een keer om.
3. Haal de kipfilet uit de marinade en laat goed uitlekken. Verhit de resterende olie in een kleine pan en bak de filets 2-3 minuten aan elke kant. Giet de olie af en voeg de marinade toe aan het vlees in de pan.
4. Laat het in een gesloten pan op laag vuur ongeveer 20 minuten sudderen. Haal het deksel eraf en laat het vlees nog 5 minuten in de open pan sudderen tot de saus is ingekookt als een siroop.
5. Snijd de filets in plakjes en serveer ze op rijst en groenten. Hak de pinda's grof en

strooi ze over het vlees. Besprenkel het met wat saus.

25. Sobanoedels met sesamtofu

ingrediënten

- 10 gram gember (vers)
- 4 eetlepels sojasaus (hel)
- 300 gram tofu
- 2 daikonkers (ca. 40 g; zie tip)
- 300 gram soba
- 1 blik bonen
- 3 eetlepels sesamzaadjes (hel)

- 4 eetlepels pindaolie
- 4 eetlepels bonensaus (zwart, zie tip)
- Peper (versgemalen)
- 1 limoen

voorbereiding

1. Schil de gember, snijd hem fijn en meng hem met de sojasaus. Laat de tofu uitlekken, dep hem droog en snijd hem in 6 plakken. Halveer de plakken diagonaal en marineer ze 10 minuten in de soja-gembersaus, draai ze één keer om. Knip de daikon cress met een schaar van de bedjes, spoel ze af en zwier ze droog.
2. Kook de sobanoedels in ruim kokend water gedurende ongeveer 3 minuten, af en toe roerend, tot ze beetgaar zijn. Giet in een zeef en vang 100 ml pastawater op. Spoel de pasta af met koud water en laat goed uitlekken. Doe de zwarte bonen in een vergiet, spoel af met koud water en laat goed uitlekken. Haal de tofuplakjes uit de marinade, laat uitlekken en spatel de sesamzaadjes erdoor. Zet apart. Verhit 2

eetlepels olie in een grote pan met antiaanbaklaag en bak de tofuplakjes aan beide kanten op middelhoog vuur. Zet de tofu apart en houd warm.

3. Verhit de rest van de olie in een wok of grote antiaanbakpan en bak de bonen kort op middelhoog vuur. Voeg de bonensaus toe en laat 1 minuut sudderen. Voeg de pasta toe en kook nog 1-2 minuten, roerbak en giet geleidelijk het pastawater erbij. Peper. Schik de pasta, tofu en tuinkers op de borden en serveer met partjes limoen.

26. California rolls met garnalen

ingrediënten

- 250 gram sushirijst
- 5 eetlepels rijstazijn
- 1 eetlepel suiker
- 1 theelepel zout
- 100 gram diepvriesgarnalen (voorgekookt, gepeld en ontdaan van de darm)
- 1 avocado (rijp)
- 4 nori (gedroogde zeewiervellen)
- 1 theelepel wasabi (Japanse mierikswortelpasta)
- 2½ eetlepels mayonaise

- 7 eetlepels sesamzaadjes

voorbereiding

1. Spoel de rijst in een vergiet tot het water helder is. Breng de rijst en 300 ml water aan de kook, kook 2 minuten en dek af met de uitgeschakelde kookplaat, laat ongeveer 15 minuten weken. Verwarm de azijn, suiker en zout onder voortdurend roeren zodat de suiker oplost.
2. Doe de gekookte rijst in een glazen kom en giet het azijnmengsel erover. Werk ongeveer 2 minuten met een spatel (keer en keer) zodat het azijnmengsel goed verdeeld is en de rijst wat afkoelt. Dek de rijst af en zet apart.
3. Ontdooi de garnalen, spoel ze indien nodig af, dep ze droog en snijd ze in de lengte doormidden. Ontpit en schil de avocado en snijd het vruchtvlees in staafjes van ongeveer 1 x 4 cm lang. Leg een bamboemat voor sushirollen op het werkblad en maak deze goed vochtig. Maak je handen nat en verdeel 1/4 van de rijst gelijkmatig over de mat (ongeveer 1/2 cm dik). Leg 1 norivel erop (met de ruwe kant op de rijst). Bestrijk dun

met een beetje wasabi en mayonaise. Leg in het midden van het blad een smal "straatje" met avocadostaafjes en garnalen.

4. Rol de rijst met de mat stevig aan één kant op. Rol elke rol in iets minder dan 2 eetlepels sesamzaadjes, wikkel in huishoudfolie en leg in de koelkast. Ga zo door totdat alle 4 de rollen op zijn. Haal de rollen uit de folie en snijd ze elk in 6 stukken met een scherp mes. Het is het beste om het mes vooraf in heet water te dopen, zodat de rijst er niet aan blijft plakken.

27. Gebakken sushi

ingrediënten

- 100 gram tempuradeeg (uit de Asia shop)
- 1 ei
- 50 milliliter sojasaus
- 50 ml Ketjap manis (Indonesische zoete ketjap)
- 1 eetlepel suiker
- 200 gram zalmfilets (zeer vers; sushikwaliteit)
- 4 bosuitjes
- 3 Nori (gedroogd zeewier)
- 1 Recept sushirijst (zie tip)

- 1 eetlepel wasabi (groene mierikswortelpasta)
- ½ liter olie (om te frituren, neutraal)

voorbereiding

1. Meng het tempuradeegpoeder met het ei en 75 ml water tot een glad geheel en zet apart om te laten zwellen. Breng de sojasaus, ketjap manis en suiker aan de kook en laat het ongeveer 4 minuten inkoken tot een stroperig niveau. Zet apart.
2. Spoel de zalm af met koud water, dep droog en snijd in reepjes van ongeveer 5 mm dik. Maak de bosuitjes schoon, spoel ze af en verwijder het donkergroene gedeelte. Snijd de bosuitjes in lange reepjes. Halveer de nori-vellen.
3. Leg een stuk huishoudfolie op de bamboemat en een norivel half erop. Bevochtig uw handen met water. Verdeel wat sushirijst van bijna 1 cm hoog over het zeewiervel. Laat 1 cm vrij aan de bovenkant. Druk de rijst niet te hard aan.
4. Verdeel een strook wasabi in de lengte (pas op, heel scherp!) over het onderste derde deel. Leg de zalm en lente-ui erbovenop. Rol

de vulling met het norivel op met behulp van de bamboemat en wikkel de huishoudfolie om de rol. Druk de rol op zijn plaats met de mat. Vorm de rest van de ingrediënten tot nog eens 5 rollen zoals beschreven. Snijd de rollen in 4 gelijke stukken met een scherp mes dat herhaaldelijk in koud water is gedoopt.

5. Verhit de olie in een kleine, hoge pan (de temperatuur is goed als er kleine belletjes ontstaan op een houten lepel die in de hete olie is gedoopt). Doop de sushistukjes in porties in het tempurabeslag, laat ze kort uitlekken en bak ze direct in de hete olie gedurende ongeveer 2 minuten tot ze goudbruin zijn. Laat ze kort uitlekken op keukenpapier. Serveer de gefrituurde sushi met de gekookte saus.

28. Maki sushi met tonijn en komkommer

ingrediënten

- 1 stuk komkommer (100 g)
- 100 gram tonijn (heel vers)
- 3 Nori (gedroogd zeewier)
- 1 Recept sushirijst (basisrecept sushirijst)
- 2 eetlepels wasabi (groene mierikswortelpasta)

voorbereiding

1. Schil de komkommer en snijd hem in de lengte doormidden. Verwijder de zaadlijsten met een lepel en snijd de komkommer in de

lengte in reepjes. Snijd de tonijn in reepjes van ongeveer 5 mm dik. Halveer de nori-vellen.

Sushi rollen:

2. Leg hiervoor huishoudfolie op een bamboemat en een nori-vel half erop. Bevochtig je handen met water. Verdeel wat sushirijst bijna 1 cm hoog over het nori-vel, laat 1 cm vrij aan de bovenkant. Druk de rijst niet te hard aan. Leg een dun reepje wasabi op het onderste derde deel van het blad (pas op, het is erg heet!). Leg komkommer of tonijn erop.
3. Rol de vulling met het norivel voorzichtig op met behulp van de bamboemat en wikkel de huishoudfolie om de rol. Druk de rol op zijn plaats met de mat. Druk de rol een beetje plat aan één lange kant met je handen, dit zal de rollen later hun traanvorm geven.)
4. Maak nog 5 rolletjes zoals beschreven. Snijd de rolletjes in 8 gelijke stukken met een scherp mes dat herhaaldelijk in koud water is gedoopt.

29. Forel met keta-kaviaar op enoki-paddestoelen

ingrediënten

- 200 gram forelfilets (heel vers, zonder vel)
- 100 gram enoki-paddenstoelen (Aziatische winkel, alternatief champignons in zeer dunne plakjes of radijsreepjes)
- 100 gram keta
- 1 eetlepel wasabi (groene pittige mierikswortelpasta)
- sojasaus

voorbereiding

1. Spoel de forelfilets af, dep ze droog en snijd ze in plakjes. Snijd de enoki-paddestoelen in bosjes van de wortels en leg ze op een schaal. Leg de vis op de paddenstoelen en verdeel de forelkaviaar erover. Doe een snufje wasabi op elk stukje forel. Serveer de vis goed gekoeld met sojasaus.

30. Tong op citroen met eidooier

ingrediënten

- ½ biologische citroenen
- 150 gram tongfilets (heel vers)
- 1 bietkers (of tuinkers)

voorbereiding

1. Kook het ei hard in 10 minuten, spoel het af met koud water en verwijder de schaal. Haal voorzichtig de eidooiers eruit en zeef ze door een zeef (gebruik anders eiwit).
2. Spoel de citroen af met heet water, halveer en snijd in hele dunne plakjes. Leg de

partjes citroen op een bord. Spoel de vis af met koud water, dep droog en snijd in dunne plakjes. Leg de plakjes op de citroen. Snijd de tuinkers van het bed. Leg de eidooiers en de tuinkers op de vis.

HOOFDGERECHT

31. Alpenzalm in Japanse marinade

ingrediënten

- 1 st. Alpenzalmfilet (600-800g)
- 2 sjalotten
- 15 gram gember
- 15 g knoflook
- 1 peul (peul) chilipeper
- 15 stuks korianderkorrels
- 1 stengel(s) citroengras
- 1 limoen (alleen de dun geschilde schil)

- 1 stuk. Limoenblad
- 75 gram suiker
- 200 ml sojasaus
- 15 g korianderblaadjes (vers)

voorbereiding

1. Voor de alpine zalm in Japanse marinade, hak de sjalotten fijn met de gember, knoflook en chilipeper en rooster ze samen met de korianderzaadjes in een beetje pindaolie zonder dat de uien verkleuren. Voeg de suiker toe en laat het karamelliseren. Blus af met de sojasaus.
2. Voeg het citroengras met de limoenschil en het limoenblad toe en laat het inkoken tot het mengsel lichtjes dik is. Laat afkoelen en voeg de versgehakte korianderblaadjes toe.
3. Was de filet en snijd de huid schoon met een scherp mes. Snijd de filet vervolgens dwars in ca. 3 mm dikke plakken. Leg deze op een bakplaat en giet de marinade erover.
4. De alpenzalm in Japanse marinade ontwikkelt zijn beste aroma en ideale consistentie na ongeveer 3 uur.

32. Alpenzalm in Japanse marinade

ingrediënten

- 300-400 g zalm, tonijn, botervis en/of kabeljauw
- een paar surimi sticks (krab sticks)
- 1/2 avocado
- Citroensap
- 1 komkommer (klein)
- Radijsjes (wit en wortelen)
- Gember (ingelegd, naar smaak)
- Voor de dipsaus:
- sojasaus
- Reiswijn

voorbereiding

1. Snijd de visfilets met een scherp mes - voorzichtig ontgraat indien nodig - in hapklare stukken of plakjes en leg ze op een koele plaats. Schil de avocadohelft, snijd het vruchtvlees in reepjes en marineer direct met een beetje citroensap. Snijd of rasp ook de geschilde komkommers, radijsjes en wortelen in hele fijne reepjes. Verdun de sojasaus met een beetje rijstwijn en verdeel het over kleine kommetjes. Schik de visstukken en surimisticks decoratief op een schaal. Garneer met de bereide groenten en serveer met sojasaus en wasabipasta. Roer aan tafel meer of minder wasabipasta door de sojasaus. Doop nu een stukje vis in de sojasaus en geniet ervan met wat groenten.

33. Yaki Udon met Kipfilet

ingrediënten

- 200 g yaki udon (dikke tarwenoedels)
- 300 g gemengde roerbakgroenten
- 200 g kipfilet
- 1 tl sesamolie
- 4 eetlepels zonnebloemolie
- 1/2 theelepel knoflookchili (knoflook gemengd met gehakte chilipeper)
- 1 stukje (2 cm) verse gember
- 2 eetlepels sojasaus
- 1 eetlepel suiker
- 1 theelepel sesamzaadjes ter garnering

voorbereiding

1. Voor de yaki udon, breng ruim water aan de kook en kook de noedels hierin ongeveer 5 minuten. Giet af, spoel af met koud water en laat uitlekken.
2. Snijd de kipfilet en de schoongemaakte groenten in vingerbrede reepjes, hak de gember fijn.
3. Verhit een wok of een zware pan, giet er sesam- en zonnebloemolie in en verhit. Bak de reepjes groenten en het vlees erin. Voeg de knoflookpeper, suiker, sojasaus en gember toe en bak 3 minuten. Voeg de pasta toe en bak ook even kort.
4. Verdeel de yaki udon over kommen en bestrooi ze voor het serveren met sesamzaadjes.

34. Gekookte varkensbuik

ingrediënten

- 550 g varkensbuik (zonder bot, maar met mooie laagjes vlees)
- 1 stukje gember (3 cm)
- 2 teentjes knoflook
- 1 ui
- 1000 ml water (koud)
- Bierradijs (naar wens te garneren)

Voor de saus:

- 100 ml sojasaus
- 5 eetlepels Mirin (eventueel portwijn)
- 1 stukje gember (2 cm, grof gehakt)
- 5 eetlepels suiker

- 1 EL sesamolie
- 3 eetlepels plantaardige olie
- 50 ml Japanse Dashi (of 1/2 theelepel Hondashi-poeder)

voorbereiding

1. Voor de gekookte varkensbuik, doe je eerst koud water met gember, knoflook, ui en vlees erop en breng je het aan de kook. Laat het dan ongeveer 1 uur sudderen. Giet het water af en snijd het vlees in hapklare stukken.
2. Voor de saus, meng alle ingrediënten in een pan. Voeg het vlees toe en laat sudderen tot het vlees de kleur van de sojasaus krijgt en zo zacht is dat het gemakkelijk met eetstokjes gegeten kan worden. Serveer de gekookte varkensbuik en garneer met geraspte bierradijs als je dat lekker vindt.

35. Rundvlees- en uienbroodjes

ingrediënten

- 4 sneetjes entrecote (dun, of rosbief of ossenhaas)
- 4 bosuitjes
- 1 theelepel suiker
- 2 tl sojasaus
- Gember (vers gesneden)
- 1 tl sherry
- Olie (om te frituren)

voorbereiding

1. Voor de beef and onion rolls snijdt u eerst de lente-uitjes in de lengte in reepjes. Leg het vlees erop, bedek met reepjes lente-uitje en rol strak op.
2. Voor de marinade meng je de sojasaus, suiker, een beetje gember en sherry.
3. Leg de vleesrolletjes erin en laat ze ongeveer 30 minuten marineren.
4. Haal de rolletjes vervolgens uit de pan en bak ze op de grill of in een pan (met een beetje hete olie) gedurende ongeveer 3 minuten, tot ze aan beide kanten goudbruin zijn.

36. Yaki-Tori (Gegrilde Kipspiesjes)

ingrediënten

- 400 g losse kippendijen
- 2 stengel(s) prei (dun)
- 200 ml kippensoep
- 120 ml Japanse sojasaus
- 2 eetlepels suiker

voorbereiding

1. Voor de yaki tori laat u acht houten stokjes een nacht in water weken.
2. Snijd de kip in kleinere blokjes of stukken (ongeveer 2,5 cm groot). Was de prei en snijd deze in stukken van 3 cm lang.

3. Breng de kippensoep met sojasaus en suiker kort aan de kook op hoog vuur. Doe nu afwisselend de kipblokjes en prei op elke spies. Doop de spiesen in de saus, laat uitlekken en leg ze op een verwarmde grillplaat.
4. Grill tot ze aan beide kanten goudbruin zijn. Bestrijk ondertussen de yaki-tori spiesjes keer op keer met saus.

37. Groentetempura met wasabimousseline

ingrediënten

- 1/2 paprika (rood)
- 1/2 paprika (geel)
- 250 g courgette (en aubergineplakken)
- 180 ml ijskoud water
- 1 eiwit
- 50 g rijstmeel (eventueel maizena)
- 50 g tarwemeel
- zout
- Olie (om te frituren)

Voor de Wasabi-mousseline:

- 100 gram mayonaise
- 1 theelepel wasabipasta
- 1 eetlepel slagroom (geklopt)

voorbereiding

1. Snijd de courgette- en aubergineplakken in hapklare plakjes en de ontpitte paprika in reepjes van 5 mm breed. Roer voor het tempurabeslag het ijskoude water met eiwit, een snufje zout, rijstmeel en tarwemeel tot een glad mengsel. Verhit ruim olie in een wok. Bestrooi de groenten licht met zout, doop ze in het beslag, laat ze uitlekken en bak ze in hete olie (ca. 180 °C). Haal ze eruit en laat ze uitlekken op keukenpapier. Meng alle ingrediënten voor de wasabisaus. Schik de gebakken groenten in kommen of diepe borden en serveer met de mousseline.

38. Sashimi

ingrediënten

- 85 g tonijn (vers gemaakt)
- 85 g zalm (vers gemaakt)
- 85 g zeebaarsfilet (vers bereid)
- 85 g tarbotfilets (in potgedreven kwaliteit)
- 40 g wasabikrenpasta
- 100 g sushigember (ingelegd)
- 1 bierradijs
- 4 schijfjes limoen
- Sojasaus (om in te dippen)

voorbereiding

2. Schil de bierradijs, snijd in 10 cm lange stukken en snijd deze op hun beurt in hele dunne reepjes. Was in koud water en laat ongeveer 10 minuten weken. Giet vervolgens af en zet opzij.
3. Snijd de zeer zorgvuldig ontgraatte visfilets met een scherp mes in plakken van ongeveer 0,7 cm breed. Snijd deze vervolgens op hun beurt in rechthoeken van ongeveer 2 cm breed en 3 cm lang.
4. Garneer vervolgens 4 borden of sushischalen met bierradijs, limoenschijfjes, wasabi en gember en serveer 2 visfilets (totaal 8 plakjes vis) per bord.
5. Serveer met sojasaus.

39. Tonijn Maki

ingrediënten

- 120 g tonijn (sashimi kwaliteit)
- 2 vellen nori (zeewier)
- 640 g gekookte sushirijst (zie recept)
- 20 g Wasabikren-pasta
- 100 g ingelegde sushigember
- Sojasaus om in te dippen

voorbereiding

1. Snijd de tonijn met een scherp mes in reepjes van 1,5 cm breed en ongeveer 5 cm lang. Snijd de noribladeren voorzichtig in de breedte doormidden met een keukenschaar.

Rol een bamboemat uit en leg er een half norivel op. Bedek ongeveer 0,5 cm dik met sushirijst, laat bovenaan 1 cm vrij. Breng van rechts naar links in het midden een dun laagje wasabi aan met je vingers en leg er een reep tonijn op. Begin onderaan (waar de rijst zit) met rollen. Vorm de mat zo dat de rol rechthoekig is, zodat de norivellen niet breken. Druk de bamboerol lichtjes aan. Verwijder de bamboemat en bereid de resterende makirollen op dezelfde manier. Bevochtig het mesblad kort met koud water en snijd de rollen in zes gelijke stukken. Schik de maki op een bord of een sushischaal en garneer met wasabi en gember. Serveer met sojasaus.

40. Groente tempura

ingrediënten

- Gemengde groenten (volgens aanbod)
- zout
- Plantaardige olie

Voor het tempurabeslag:

- 200 g bloem
- 200 g zoete aardappelmeel (eventueel aardappelmeel)
- 2 eetlepels suiker
- 1/2 eetlepel zout
- 300 ml ijskoud water
- 4 eidooiers

Voor de saus:

- 5 eetlepels sojasaus
- 5 eetlepels water
- 2 eetlepels ahornsiroop
- Een beetje gehakte gember
- 1 gesneden bosui

voorbereiding

1. Snijd de schoongemaakte groenten diagonaal in ongeveer 3 mm dikke plakken en bestrooi ze licht met zout. Voor het deeg zeef je beide soorten bloem met suiker en zout. Zet ongeveer een derde apart en draai de plakjes groente erin. Meng het ijskoude water goed met de eidooiers en roer de resterende bloem er in twee porties doorheen. Roer het mengsel eerst tot het glad is en roer het dan met een vork (nooit met een garde!), zodat het deeg een vrij klonterige consistentie krijgt. Verhit de olie in een diepe pan. Haal de met bloem bestoven groenten door het deeg en week ze in de hete olie. Bak ze aan beide kanten goudbruin. Haal ze eruit en laat ze uitlekken op keukenpapier. Schik en serveer met de

bereide saus. Meng voor de saus de sojasaus met water, ahornsiroop, gember en in blokjes gesneden bosui.

41. Garnalentempura

ingrediënten

- 250 g garnalenstaarten (middelgroot, zonder schaal)
- 180 ml ijskoud water
- 50 g rijstmeel (eventueel maizena)
- 50 g tarwemeel
- zout
- Bloem (glad maken)

- sojasaus
- Wasabikrenpasta (en/of chilisaus als bijgerecht)
- Olie (om te frituren)

voorbereiding

1. Voor het tempurabeslag roer je het ijskoude water met het ei, zout, rijst en tarwemeel tot een glad geheel. Snijd de achterkant van de garnalen zodat het laatste segment overblijft. Door de snede krijgen ze de typische vlindervorm bij het frituren. Verwijder de ingewanden. Verhit ruim olie in een wok. Draai de garnalen in glad meel. Haal ze vervolgens één voor één door het deeg, laat het deeg uitlekken en bak ze in heet vet (180 °C) tot ze goudbruin zijn. Haal ze eruit en laat ze uitlekken op keukenpapier. Serveer met verschillende sausjes om in te dippen.

42. Chili kip rijst pan

ingrediënten

- 8 kippenpoten (klein)
- 1 pakje Knorr Basis Crispy Kippenpoten
- 1 blokje Knorr heldere soep
- 200 gram Basmati-Journey
- 4 tomaten (klein)
- 2 eetlepels paprikapoeder
- 2 eetlepels tomatenpuree
- 1 st. Paprika (rood)
- Chili (voor de smaak)
- Peterselie (vers)

voorbereiding

2. Voor de chili-kip-rijstpan bereidt u de kippendijen op KNORR-basis volgens de aanwijzingen op de verpakking.
3. Ondertussen de rijst in een pannetje roosteren zonder vet toe te voegen. Blus af met drie keer zoveel water en breng aan de kook met de paprikapoeder, tomatenpuree en het soepblokje. Laat de chili kip rijst pan sudderen tot de rijst zacht is.
4. Snijd ondertussen de paprika en tomaten in grote stukken en voeg toe aan de kip. Meng de gekookte rijst met de schenkels en serveer met peterselie.

43. Gyozas

ingrediënten

- 200 g gehakt
- 1/2 stengel(s) prei
- 3 bladeren Chinese kool
- 1 plakje(s) gember (vers)
- 1 teentje knoflook
- 1 eetlepel sojasaus
- 1/2 theelepel zout
- Peper uit de molen)
- 1 pakje wontonbladeren
- 1 theelepel sesamolie
- 1/2 kopje(s) water

Voor de dipsaus:

- 1/2 kopje sojasaus
- 1/2 kopje(s) reis
- 1 theelepel knoflook (fijngehakt)

voorbereiding

1. Voor Gyoza eerst de Chinese koolbladeren kort blancheren, goed uitknijpen en in kleine stukjes snijden. Prei wassen en in kleine stukjes snijden, net als Chinese kool. Gember en knoflook schillen en fijn raspen. Chinese kool, prei, gehakt, gember, peper, zout, knoflook en sojasaus mengen.
2. Leg de bladerdeegvellen erop en doe wat vulling in het midden. Bevochtig de rand van het bladerdeegvel lichtjes en druk de randen op elkaar om een halve maan te vormen.
3. Verhit de olie in een pan en bak de gyoza op middelhoog vuur gedurende 2-3 minuten tot de onderkant goudbruin is. Voeg vervolgens het water toe en bak in de afgedekte koekenpan tot het water is verdampt.
4. Voor de dipsaus meng je de sojasaus met rijstazijn en knoflook. Schik de gyoza met de saus en serveer.

44. Sushi & Maki variaties

ingrediënten

Voor het basisrijstrecept:

- 500 gram sushirijst
- 2 eetlepels rijstazijn
- 1 theelepel suiker
- 1 eetlepel zout

Voor klassieke zalmnigiri:

- Wasabi
- Voor de tonijnmaki:
- Yaki nori vel
- Wasabi

- tonijn

Voor de California Roll:

- Wasabi
- komkommer
- avocado
- garnaal
- Sesamzaad (geroosterd)

Voor handrol met viskuit:

- Yaki nori vel
- Wasabi
- Viskuit
- citroen

voorbereiding

1. Voor de sushi- en maki-varianten bereidt u eerst de rijst.
2. Voor de sushirijst, spoel de rijst en laat het 1 uur uitlekken, voeg dan de rijst toe met dezelfde hoeveelheid water en kook op een hoge temperatuur. Dek af en zet de temperatuur terug naar medium.

3. Wanneer het rijstoppervlak zichtbaar wordt in de pot, schakel dan terug naar de laagste stand. Wanneer het water verdampt is, verwarm het dan opnieuw gedurende 1 minuut, haal de rijst van het fornuis en laat het 15 minuten verdampen met het deksel dicht.
4. Meng rijstazijn, suiker en zout voor de marinade en meng met de nog warme langkorrelige rijst in een ovenschaal. Laat het een beetje afkoelen, maar zet het niet in de koelkast, anders wordt de rijst hard.
5. Voor de klassieke zalm nigiri, vorm je met je natte hand kleine balletjes van de sushirijst en druk je ze plat. Bestrijk ze met wasabi. Leg er een grote plak zalm op. Waarschuwing: maak de sushi nooit te groot, zodat je er in één hap van kunt genieten.
6. Voor de tonijn maki, leg het yaki nori vel op de bamboe mat. Bedek met een dunne laag langkorrelige rijst. Bestrijk met een beetje wasabi. Leg een rij smalle reepjes tonijn erbovenop. Rol op met de bamboe mat en snijd de rol in plakjes om de kleine maki te maken.

7. Voor de California Roll, bedek de bamboemat met huishoudfolie. Leg er een dun laagje rijst op. Bestrijk met wasabi. Leg in het midden 1 reep komkommer, avocado en garnalen. Rol op met de bamboemat en rol de afgewerkte rol in geroosterde sesamzaadjes. Snijd in kleine plakjes.
8. Voor de handrol met viskuit, leg je een lepel rijst op een yaki nori vel. Rol het vel op als een zak. Smeer wat wasabi op de rijst en vul met viskuit (zalm, forel, etc.). Garneer met een klein stukje citroen.

45. Geglazuurde kip met sesamzaadjes

ingrediënt

- 1 kg kippendijen
- 50 gram gember
- 1 teentje knoflook
- 100 ml Mirin (zoete rijstwijn; eventueel sherry)
- 100 ml sojasaus (Japans)
- 2 eetlepels suiker
- zout
- 2 eetlepels sesamolie

voorbereiding

1. Voor de kip met sesam moet u de kippenpoten wassen. Als u hele kippenpoten hebt gekocht, snijdt u de poten en de onderpoten doormidden.
2. Verwijder de schil van de gember en rasp deze. Pel en plet de knoflook. Roer 1 1/2 theelepel gember en knoflook met suiker, sojasaus, mirin, een snufje zout en een paar druppels sesamolie. Doe het vlees in de marinade zodat het aan alle kanten goed bedekt is. Dek af en laat het minstens 3 uur, bij voorkeur een nacht, in de koelkast staan.
3. Haal het vlees uit de marinade en laat het goed uitlekken. Bak het aan beide kanten bruin in hete olie. Giet de olie af en giet de marinade over het vlees. Laat het in de gesloten koekenpan op een lage temperatuur 20 minuten sudderen.
4. Bak het vlees nog 5 minuten in de open koekenpan, tot de saus stroperig is. De kip met sesamzaadjes serveer je dan het beste met een kom rijst.

46. Japans gebraden varkensvlees

ingrediënten

- 600 g varkensvlees (schouder of drumstick)
- zout
- Karwijzaad
- 50 gram vet
- 10 gram bloem
- 1 ui (gesneden)
- 50 g selderij (gesneden)
- 1 eetlepel mosterd
- water

voorbereiding

1. Voor het Japanse gebraden varkensvlees, bak de ui en selderij in heet vet. Wrijf het vlees in met karwijzaad en zout, leg het op de groenten en bak beide.
2. Giet er na een half uur water bij. Voeg even later de mosterd toe. Bestuif het sap tot slot, breng aan de kook en zeef. Serveer het Japanse gebraden varkensvlees.

47. Okonomiaki

ingrediënten

- 300 g bloem
- 200 ml water
- 2 eieren
- 1 krop witte kool
- 10 plak(ken) spek
- 10 plak(ken) kalkoenvlees
- 5 champignons

voorbereiding

1. Voor de okonomiyaki de ingrediënten samenvoegen en aan beide kanten in de pan bakken. Garneer met okonomi saus en katsubushi (gedroogde visvlokken) en Japanse mayonaise, indien beschikbaar.

48. Maki-taart

ingrediënten

- 4 nori-vellen
- 1 kopje sushirijst (rondkorrelig)
- 1 avocado
- $\frac{1}{2}$ komkommer
- 1 wortel
- 50 g zalm
- 2 surimistokjes
- 1 theelepel wasabi
- 2 eetlepels rijstazijn
- suiker
- sojasaus

voorbereiding

1. Voor de maki spoel je de sushirijst in een vergiet met koud water tot het water helder is. Dit is belangrijk zodat het zetmeel verwijderd wordt en de rijst, die goed plakkerig is, niet te veel blijft plakken.
2. Bereid de rijst volgens de aanwijzingen op de verpakking, breng op smaak met rijstazijn, zeezout en een beetje suiker. Doe de rijst in een grote kom en verdeel het zodat het sneller kan afkoelen.
3. Snijd de gewassen groenten en zalm in reepjes. Leg een norivel op de bamboemat en leg deze dun uit met de afgewerkte sushirijst tot aan de bovenrand, ca. 2 cm. Het werkt beter als je handen nat zijn.
4. Smeer wat wasabipasta op de rijst. Meng de groenten, zalm of surimi naar wens, verdeel in het midden van de rijst. Rol het vervolgens op met de bamboemat. Lijm het uiteinde van het norivel vast met water. Koel de afgewerkte maki en snijd in plakjes voor het serveren. Serveer met sojasaus.

49. Runderrollade met jonge worteltjes

ingrediënten

- 500 g rundvlees (in zeer dunne plakjes)
- 24 babyworteltjes (of 1 1/2 worteltje)
- zout
- Maïszetmeel
- 1 eetlepel mirin
- 1 eetlepel sojasaus
- peper

voorbereiding

1. Voor de beef rolls, meng mirin en sojasaus in een kom. Snijd de wortels in vieren en doe ze in een magnetronbak met water.
2. 3-4 minuten in de magnetron. Zout en peper het rundvlees en rol 2 gevierendeelde wortels in 1 plak. Draai de afgewerkte broodjes in maizena.
3. Verhit de olie in een pan en bak de rolletjes hierin. Giet de saus erover en laat het indikken. Serveer de beef rolls met rijst of salade.

50. Aziatische noedels met rundvlees

ingrediënten

- 200 g udon-noedels
- 300 g rundvlees
- 1 prei(nen)
- 1 eetlepel sojasaus
- 1 limoen
- 1 theelepel chilipeper (gemalen)
- 3 eetlepels sesamolie (om te frituren)
- 50 g taugé

voorbereiding

1. Voor de Aziatische noedels met rundvlees kookt u de noedels volgens de aanwijzingen op de verpakking.
2. Snijd de prei fijn en snijd het rundvlees in blokjes. Verhit de olie en bak de prei en het rundvlees hierin.
3. Voeg de taugé, limoensap, chilivlokken en sojasaus toe en bak nog 2 minuten.
4. Verdeel de Aziatische noedels over het rundvlees en serveer.

GROENTERECEPTEN

51. Klein sashimi-bordje

ingrediënten

- 300-400 g zalm, tonijn, botervis en/of kabeljauw
- een paar surimi sticks (krab sticks)
- 1/2 avocado
- Citroensap
- 1 komkommer (klein)
- Radijsjes (wit en wortelen)

- Gember (ingelegd, naar smaak)
- Voor de dipsaus:
- sojasaus
- Reiswijn
- Wasabikren-pasta

voorbereiding

1. Snijd de visfilets met een scherp mes - voorzichtig ontgraat indien nodig - in hapklare stukken of plakjes en leg ze op een koele plaats. Schil de avocadohelft, snijd het vruchtvlees in reepjes en marineer direct met een beetje citroensap. Snijd of rasp ook geschilde komkommer, radijs en wortelen in hele fijne reepjes. Verdun de sojasaus met een beetje rijstwijn en verdeel het over kleine kommetjes. Schik de visstukken en surimisticks decoratief op een schaal. Garneer met de bereide groenten en serveer met sojasaus en wasabipasta. Roer aan tafel meer of minder wasabipasta door de sojasaus. Doop nu een stukje vis in de sojasaus en geniet ervan met wat groenten.

52. Keta-kaviaar op daikonpuree

ingrediënten

- 120 g keta-kaviaar
- 300 g daikonradijs (Japanse radijs, of andere milde radijsjes)
- 3 eetlepels sojasaus
- 4 blaadjes groene sla
- 1 tl citroensap
- 1 theelepel vers geraspte gember
- Wasabikrenpasta naar believen

voorbereiding

1. Voor de keta kaviaar op daikon puree, schik de gewassen, uitgelekte slablaadjes op 4

borden. Rasp de radijs met een fijne rasp en was in koud water. Laat goed uitlekken in een zeef en verdeel over 4 borden. Meng de keta kaviaar met sojasaus en serveer bovenop de daikon puree. Leg de geraspte gember erop en besprenkel met een beetje citroensap. Serveer met wasabi, als je dat lekker vindt.

53. Koknozusalade met kikkererwten

ingrediënten

- 80 g kikkererwten
- 40 g groene linzen
- 40 g rode linzen
- 80 g bruine rijst
- 1 nori zeewiervel, 30 x 20 cm
- 1/2 papaja
- 4 eetlepels bonitovlokken (of geroosterde spekblokjes)
- Frisésalade om naar wens te garneren
- zout
- 1/2 theelepel sesamolie
- 8 eetlepels sushi-azijn

voorbereiding

1. Week de kikkererwten een nacht en kook ze de volgende dag tot ze zacht zijn. Week de linzen 1 uur in koud water en kook ze vervolgens al dente. Kook de bruine rijst ongeveer 20 minuten tot ze zacht zijn. (De rijst mag echter niet te lang worden gekookt, anders breekt de schil.)
2. Snijd ondertussen het norivel in hele dunne reepjes. Schil en ontpit de papaja en snijd in kleine stukjes. Pureer met de mixer. Doe nu de groene en rode linzen, bruine rijst en als laatste de kikkererwten in kleine kommen of glaasjes. Verdeel de norireepjes en bonitovlokken erover en garneer met friséesalade als je dat lekker vindt. Meng voor de dressing de papayapuree met zout, sesamolie en azijn en serveer in een apart kommetje. Meng voorzichtig aan tafel.

54. Groente tempura

ingrediënten

- Gemengde groenten (volgens aanbod)
- zout
- Plantaardige olie

Voor het tempurabeslag:

- 200 g bloem
- 200 g zoete aardappelmeel (eventueel aardappelmeel)
- 2 eetlepels suiker
- 1/2 eetlepel zout
- 300 ml ijskoud water
- 4 eidooiers

Voor de saus:

- 5 eetlepels sojasaus
- 5 eetlepels water
- 2 eetlepels ahornsiroop
- Een beetje gehakte gember
- 1 gesneden bosui

voorbereiding

2. Snijd de schoongemaakte groenten diagonaal in ongeveer 3 mm dikke plakken en bestrooi ze licht met zout. Voor het deeg zeef je beide soorten bloem met suiker en zout. Zet ongeveer een derde apart en draai de plakjes groente erin. Meng het ijskoude water goed met de eidooiers en roer de resterende bloem er in twee porties doorheen. Roer het mengsel eerst tot het glad is en roer het dan met een vork (nooit met een garde!), zodat het deeg een vrij klonterige consistentie krijgt. Verhit de olie in een diepe pan. Haal de met bloem bestoven groenten door het deeg en week ze in de hete olie. Bak ze aan beide kanten goudbruin. Haal ze eruit en laat ze uitlekken op keukenpapier. Schik en serveer met de

bereide saus. Meng voor de saus de sojasaus met water, ahornsiroop, gember en in blokjes gesneden bosui.

55. Groente Maki

ingrediënten

- 4 stuks. Nori vellen
- 3 eetlepels Japanse reistas
- 1 kopje sushirijst (ca. 250 g)
- 2 eetlepels suiker
- 1 eetlepel zout
- Groenten (naar smaak, bijvoorbeeld komkommer, wortel, gele biet, avocado)

- 1 fles(sen) sojasaus (klein)
- Wasabipasta (naar smaak)

voorbereiding

1. Voor de groentemaki: was de rijst goed en laat hem minimaal een uur weken in koud water.
2. Breng de rijst aan de kook in 300 ml water en laat 10 minuten op laag vuur sudderen. Doe het daarna in een kom en laat het afkoelen.
3. Breng de azijn, suiker en zout aan de kook en roer het direct door de rijst.
4. Schil de groenten en snijd ze in lange reepjes. Als je wortelgroenten eet, kook de groenten dan van tevoren al dente.
5. Maak een norivel vochtig en leg op een bamboerol. Verdeel er wat rijst over. Leg de groenten in het midden en rol de maki strak op.
6. Snijd de groente maki met een scherp mes in plakken van ca. 2,5-3 cm dik, serveer met

sojasaus, wasabi (naar smaak) en eetstokjes en serveer direct.

56. Onigiri met rode kool en gerookte tofu

ingrediënten

- 50 g gerookte tofu
- 50 g rode kool
- zout
- 300 gram Sushi Journey
- 3 eetlepels rijstazijn
- 1 eetlepel suiker
- 8 vellen nori (of meer; gesneden in rechthoeken van 3 x 6 cm)
- Sojasaus (om te serveren)

voorbereiding

1. Voor onigiri met rode kool en gerookte tofu snijdt u eerst de gerookte tofu en rode kool fijn en mengt u deze met een beetje zout in een kom.
2. Spoel de rijst in een zeef onder stromend water tot het water er helder afloopt. Doe 600 ml water in een pan, voeg rijst toe, breng aan de kook. Zet het uit en laat de rijst afgedekt ongeveer 15 minuten staan.
3. Voeg de azijn met suiker, tofu en rode kool toe aan de nog warme rijst, meng het geheel, spreid het uit op een bakplaat en laat het afkoelen.
4. Haal de rijst uit de pan en verdeel in ca. 8 gelijke porties. Vorm elk portie tot balletjes. Gebruik hiervoor een onigirivormpje.
5. Leg een nori-rechthoek op de onderkant van de onigiri's, leg ze op een bord en serveer de onigiri met rode kool en gerookte tofu met sojasaus, indien gewenst.

57. Yaki-Tori (Gegrilde Kipspiesjes)

ingrediënten

- 400 g losse kippendijen
- 2 stengel(s) prei (dun)
- 200 ml kippensoep
- 120 ml Japanse sojasaus
- 2 eetlepels suiker

voorbereiding

1. Voor de yaki tori laat u acht houten stokjes een nacht in water weken.
2. Snijd de kip in kleinere blokjes of stukken (ongeveer 2,5 cm groot). Was de prei en snijd deze in stukken van 3 cm lang.

3. Breng de kippensoep met sojasaus en suiker kort aan de kook op hoog vuur. Doe nu afwisselend de kipblokjes en prei op elke spies. Doop de spiesen in de saus, laat uitlekken en leg ze op een verwarmde grillplaat.
4. Grill tot ze aan beide kanten goudbruin zijn. Bestrijk ondertussen de yaki-tori spiesjes keer op keer met saus.

58. Sushi & Maki variaties

ingrediënten

Voor het basisrijstrecept:

- 500 gram sushirijst
- 2 eetlepels rijstazijn
- 1 theelepel suiker
- 1 eetlepel zout

Voor klassieke zalmnigiri:

- Wasabi
- Voor de tonijnmaki:
- Yaki nori vel
- Wasabi

- tonijn

Voor de California Roll:

- Wasabi
- komkommer
- avocado
- garnaal
- Sesamzaad (geroosterd)

Voor handrol met viskuit:

- Yaki nori vel
- Wasabi
- Viskuit
- citroen

voorbereiding

1. Voor de sushi- en maki-varianten bereidt u eerst de rijst.
2. Voor de sushirijst, spoel de rijst en laat het 1 uur uitlekken, voeg dan de rijst toe met dezelfde hoeveelheid water en kook op een hoge temperatuur. Dek af en zet de temperatuur terug naar medium.
3. Wanneer het rijstoppervlak zichtbaar wordt in de pot, schakel dan terug naar de laagste stand. Wanneer het water verdampt is,

verwarm het dan opnieuw gedurende 1 minuut, haal de rijst van het fornuis en laat het 15 minuten verdampen met het deksel dicht.
4. Meng rijstazijn, suiker en zout voor de marinade en meng met de nog warme langkorrelige rijst in een ovenschaal. Laat het een beetje afkoelen, maar zet het niet in de koelkast, anders wordt de rijst hard.
5. Voor de klassieke zalm nigiri, vorm je met je natte hand kleine balletjes van de sushirijst en druk je ze plat. Bestrijk ze met wasabi. Leg er een grote plak zalm op. Waarschuwing: maak de sushi nooit te groot, zodat je er in één hap van kunt genieten.
6. Voor de tonijn maki, leg het yaki nori vel op de bamboe mat. Bedek met een dunne laag langkorrelige rijst. Bestrijk met een beetje wasabi. Leg een rij smalle reepjes tonijn erbovenop. Rol op met de bamboe mat en snijd de rol in plakjes om de kleine maki te maken.
7. Voor de California Roll, bedek de bamboemat met huishoudfolie. Leg er een dun laagje rijst op. Bestrijk met wasabi. Leg in het midden 1 reep komkommer, avocado en

garnalen. Rol op met de bamboemat en rol de afgewerkte rol in geroosterde sesamzaadjes. Snijd in kleine plakjes.
8. Voor de handrol met viskuit, leg je een lepel rijst op een yaki nori vel. Rol het vel op als een zak. Smeer wat wasabi op de rijst en vul met viskuit (zalm, forel, etc.). Garneer met een klein stukje citroen.

59. Maki met tonijn, avocado en shiitake

ingrediënten

Voor de rijst:

- 400 gram Sushi Journey
- 650 ml kraanwater
- 1 1/2 eetlepel rijstazijn
- zout
- suiker

Voor het afdekken van:

- Tonijn (in fijne staafjes gesneden)
- Wasabipasta
- 4 plakjes nori

- Shiitake (gedroogd, geweekt)
- 2 stuks avocado (in dunne plakjes gesneden, besprenkeld met citroensap)

voorbereiding

1. Voor maki met tonijn, avocado en shiitake, bereid je eerst de sushirijst. Spoel hiervoor de rijst goed af met koud water en laat het ongeveer 30 minuten uitlekken in de zeef.
2. Kook de rijst in een pan met kraanwater en een beetje zout op een hoge temperatuur en kook op het vuur gedurende een minuut, bubbelend. Sluit de pan en stoom de rijst op de laagste temperatuur gedurende 15 minuten.
3. Meng er rijstazijn door met een houten spatel. Houd hiervoor de spatel diagonaal en in de lengte vast, zodat de rijst niet goed wordt geroerd, maar wordt gesneden als een keukenmes. Zo blijft het korreliger dan bij normaal roeren. Laat afkoelen.
4. Bereid ondertussen de bamboemat voor. Leg er een norivel op. Verdeel de rijst er dun overheen. Smeer er wat wasabi op. Beleg een rij met tonijn, avocado en shiitake. Rol op met behulp van de bamboemat.

5. Voor het serveren snijdt u de maki met tonijn, avocado en shiitake in plakken met een scherp keukenmes, zodat deze zijn karakteristieke vorm en formaat krijgt.

60. Maki met zalm, komkommer en avocado

ingrediënten

- 400 g sushirijst (zie link in tekst)
- 3 nori-vellen
- Om te dekken:
- 200 g zalm (vers)
- 200 g avocado (niet te zacht)
- 200 gram komkommer
- Wasabi

voorbereiding

1. Voor maki met zalm, komkommer en avocado bereidt u eerst de sushirijst volgens het basisrecept. Snijd de zalm, komkommer en avocado in dunne reepjes.

2. Leg elk een norivel op een bastmat, leg de rijst er dun bovenop, strooi er wat wasabi overheen en leg er een rij zalmreepjes, komkommer en avocado op. Rol op met de mat.
3. Snijd de maki met zalm, komkommer en avocado in plakjes met een scherp keukenmes en leg deze op een bord.

61. Maki met garnalen, komkommer en shiitake

ingrediënten

- Sushirijst (zie link in tekst)
- Komkommer
- Garnalen (bijv. Ama Ebi)
- Shiitake (gedroogd)
- 3 nori-vellen
- Wasabi

voorbereiding

1. Voor de maki met garnalen, komkommer en shiitake bereidt u eerst de sushirijst volgens het basisrecept.
2. Week de shiitake in water en snijd hem in reepjes. Ontpit de komkommer en snijd hem

in reepjes van 1/2 cm dik. Snijd ook de garnalen in reepjes.
3. Leg eerst een norivel op een bamboemat. Verdeel de rijst er dun overheen, laat één rand vrij. Leg er een rij garnalen, komkommer en shiitake op. Rol op met behulp van de bamboemat en druk hem stevig aan.
4. Snijd de broodjes diagonaal in 3 tot 4 gelijke stukken en serveer de maki met garnalen, komkommer en shiitake.

62. Courgette Parmezaanse Chips

ingrediënten

- 2-3 stukken courgette (gewassen, in 1 cm dikke plakken gesneden)
- zeezout
- Peper uit de molen)
- Plantaardige olie (om te frituren)
- Voor de fietstas:
- 2 stuks. Eigenaars
- 120 gram panko
- 60 g bloem (universeel)
- 60 g parmezaanse kaas (fijn geraspt)

voorbereiding

1. Voor courgette-parmezaanse kaaschips kruidt u de courgetteplakjes met zeezout en peper.
2. Meng de panko en de geraspte Parmezaanse kaas en klop de eieren los.
3. Haal de courgetteplakken door de bloem, haal ze door het losgeklopte ei en paneer ze vervolgens in het panko-parmezaanse kaasmengsel.
4. Bak in hete olie op 170–180 °C tot ze knapperig en goudbruin zijn.
5. De courgette-parmezaanse kaaschips zijn het lekkerst als ze vers geserveerd worden!

63. Japanse spinnenwebben

ingrediënten

- 5 - 6 takjes Japanse kool
- 2 wortels (groot)
- 4 - 5 eetlepels slagroom
- 1 eetlepel boter
- 1 theelepel kruidenzout
- Peper (klein)

voorbereiding

1. Voor de Japanse koolstelen, schil de bladeren en doe de bladeren in een vergiet. Was de stengel en snijd in stukken van 5 mm.

Was de bladeren en snijd ze in fijne noedels. Snijd de wortels in blokjes.
2. Laat de boter heet worden, fruit de in blokjes gesneden wortelen en de in blokjes gesneden Japanse kool en bak ze lichtbruin. Giet de slagroom en 125 ml water erbij, breng op smaak met zout en peper en laat ongeveer 5 minuten sudderen.
3. Voeg de fijngesneden bladeren toe en laat nog 2 minuten koken.

64. Maki sushi met tonijn en komkommer

ingrediënten

- 1 stuk komkommer (100 g)
- 100 gram tonijn (heel vers)
- 3 Nori (gedroogd zeewier)
- 1 Recept sushirijst (basisrecept sushirijst)
- 2 eetlepels wasabi (groene mierikswortelpasta)

voorbereiding

5. Schil de komkommer en snijd hem in de lengte doormidden. Verwijder de zaadlijsten met een lepel en snijd de komkommer in de

lengte in reepjes. Snijd de tonijn in reepjes van ongeveer 5 mm dik. Halveer de nori-vellen.

Sushi rollen:

6. Leg hiervoor huishoudfolie op een bamboemat en een nori-vel half erop. Bevochtig je handen met water. Verdeel wat sushirijst bijna 1 cm hoog over het nori-vel, laat 1 cm vrij aan de bovenkant. Druk de rijst niet te hard aan. Leg een dun reepje wasabi op het onderste derde deel van het blad (pas op, het is erg heet!). Leg komkommer of tonijn erop.
7. Rol de vulling met het norivel voorzichtig op met behulp van de bamboemat en wikkel de huishoudfolie om de rol. Druk de rol op zijn plaats met de mat. Druk de rol een beetje plat aan één lange kant met je handen, dit zal de rollen later hun traanvorm geven.)
8. Maak nog 5 rolletjes zoals beschreven. Snijd de rolletjes in 8 gelijke stukken met een scherp mes dat herhaaldelijk in koud water is gedoopt.

65. Ura Makis-avocado

Ingrediënten

- 2 avocado's (rijp)
- 250 g rijst (sushirijst, kortkorrelige rijst)
- 1 eetlepel rijstazijn
- 3 noribladeren (zeewier)
- 1 theelepel zout
- 1 theelepel suiker

voorbereiding

1. Voor Ura Makis avocado, was eerst de rauwe rijst onder stromend water totdat het

water er helder afloopt. Kook de rijst op laag vuur gedurende 12 minuten. Laat de gekookte rijst afkoelen op een plat bord gedurende 10 minuten.
2. Meng rijstazijn met zout en suiker en besprenkel met rijst. Meng goed met een houten lepel.
3. Verdeel de rijst in 6 gelijke delen en verdeel één deel gelijkmatig over een bamboemat. Leg nu een vel nori met de glanzende kant naar beneden en verdeel er nog een stuk rijst over, laat hier 2 cm vrij.
4. Schil de avocado, verwijder de pit en snijd in brede repen. Leg 2-3 repen (afhankelijk van de lengte) in het midden van het eerste derde deel van de rijst. Rol nu met gelijkmatige druk, met behulp van de bamboemat, van boven naar beneden.
5. Ura Maki Avocado met een scherp mes in 1,5 cm brede reepjes snijden.

66. zoetzure soep

ingrediënten

- 150 g kipfilet (of alternatief 1 blikje tonijn)
- 1-2 l kippensoep
- 1/2 theelepel zout
- 2 eetlepels sojasaus
- 1 eetlepel azijn
- 1 DE ketchup
- 1 handvol morieljes
- 1 handvol shiitake-paddestoelen
- 2 karren
- 2 eetlepels pindaolie
- 3 eetlepels zetmeel

voorbereiding

1. Voor de soep kunt u de kippenbouillon een dag van tevoren klaarmaken of 2 kippensoepblokjes in heet water oplossen.
2. Snijd de kip fijn en meng met een marinade van sojasaus, zout, azijn en ketchup. Laat het minstens 30 minuten trekken.
3. Hak de morieljes en shitake-paddestoelen fijn en rasp de wortels. Verhit de pindaolie in een wok en braad de kip hierin aan.
4. Blus af met de warme kippensoep en breng aan de kook. Voeg de wortels, morieljes en shitake-paddenstoelen toe en laat sudderen.
5. Los zetmeel op in 5 eetlepels warm water en roer langzaam door de soep. Breng het opnieuw aan de kook. Klop de eieren in een kom en klop goed.
6. Voeg nu snel het eimengsel met een eetlepel toe aan de hete soep. Maak cirkelvormige bewegingen zodat het ei goed verdeeld wordt.
7. Op smaak brengen met zout, peper en suiker.

67. Wokgroenten met vlees

ingrediënten

- 400 g varkensvlees
- 580 g gebakken groenten (iglo)
- 6 eetlepels koolzaadolie
- marjolein
- tijm
- zout
- peper

voorbereiding

1. Voor de roergebakken groenten met vlees, snijdt u eerst het varkensvlees in blokjes en weekt u het in een mengsel van koolzaadolie,

zout, peper, marjolein en tijm. Laat het minstens 3 uur trekken, bij voorkeur een nacht.
2. Doe het varkensvlees in een wok zonder extra olie en bak tot het heet is. Voeg de wokgroenten toe en wacht tot het water verdampt is.
3. Bak dan alles weer even aan elkaar. De roergebakken groenten met vlees zijn ook lekker met zout en peper en worden geserveerd.

68. Tonijn met chilischeuten

ingrediënten

- 180 g tonijnfilet (vers)
- 1 chilipeper
- 1 teentje knoflook
- 50 g taugé
- 50 g linzenspruiten
- 2 bosuitjes
- 1 eetlepel chilisaus
- 1 el oestersaus
- 1 eetlepel sojasaus
- 1 snufje maizena
- zout
- peper

- Sesamolie (om te frituren)

voorbereiding

1. Snijd de tonijnfilet in blokjes van 2 cm. Halveer de chilipeper in de lengte, verwijder de kern en hak het teentje knoflook fijn. Hak de bosuitjes fijn. Verhit wat sesamolie in een wokpan. Voeg bosuitjes, chilipeper en knoflook toe en fruit hierin. Voeg de spruitjes toe en breng alles op smaak met zout en peper. Breng tot slot op smaak met chilisaus. Haal de groenten er weer uit en houd ze warm. Veeg nu de wokpan schoon met keukenpapier. Verhit nog wat sesamolie en bak de tonijnblokjes kort aan alle kanten (ze moeten van binnen nog sappig zijn). Roer ondertussen de oestersaus, sojasaus, maïzena en ongeveer 2 eetlepels water door elkaar. Giet deze pittige saus over de tonijn. Schik de hete chilispruitjes op borden en leg de tonijnblokjes erop.

69. Tempura van zalm en groenten

ingrediënten

- 150 g zalmfilet
- 150 g groenten (indien gewenst - bosui, gekookte aardappelen..)
- 50 g tempurameel (verkrijgbaar in de Asia Shop)
- 80 ml mineraalwater (koud)
- een beetje zout
- Olie om te frituren)
- sojasaus
- Wasabikrenpasta (en gember als garnering)

voorbereiding

1. Snijd de zalm in reepjes van 5 x 2 cm. Snijd de groenten in hapklare stukken of reepjes. Meng met een garde een glad tempurabeslag van bloem, mineraalwater en een snufje zout. Verhit de olie in een geschikte pan of wok. Haal de stukken zalm en de groenten door het deeg en bak ze zwemmend in het vet op zeer hoog vuur (ca. 180 °C) gedurende ongeveer een halve minuut. (Voeg nooit te veel gefrituurd voedsel in één keer toe, werk liever in meerdere porties zodat de olie niet afkoelt.) Haal de afgewerkte tempura eruit, laat goed uitlekken op keukenpapier en serveer met sojasaus, wasabi en ingelegde gember.

70. Japanse noedelsalade

ingrediënten

- 2 Chinese koolbladeren
- 5 bosuitjes (het groen ervan)
- 1 wortel (geblancheerd)
- 250 kg pasta (naar keuze)
- 3 plakjes ham (gekookt)
- 1/2 komkommer (geschild)

Saus:

- 3 eetlepels Tamari sojasaus
- 2 eetlepels suiker
- 5 eetlepels kippensoep
- 1 theelepel wasabi (mierikswortelpoeder)

- 1 tl sesamolie
- 3 eetlepels rijstwijnazijn

Omelet:

- 2 eieren
- 1 eetlepel water
- 1 theelepel maizena

voorbereiding

2. Voor de Japanse noedelsalade, los de suiker op in de azijn. Meng met de overige ingrediënten van de saus.
3. Meng 2 geklopte eieren, een lepel water en 1 theelepel mais tot een omeletmengsel en bak het in een pan met een beetje olie. Snijd het vervolgens in reepjes.
4. Snijd alle overige ingrediënten in kleine stukjes. Leg de wortel en Chinese koolbladeren apart, roer de rest in een slakom.
5. Kook de pasta tot hij zacht is en voeg op het laatste moment de kool en de wortelen toe.
6. Zeef en spoel kort met koud water. Voeg toe aan de saladekom en marineer met de saus. Laat de Japanse noedelsalade weken en serveer.

SOEP RECEPTEN

71. Misosoep met shiitake-paddenstoelen

ingrediënten

- 3 shiitake paddenstoelen (gedroogd)
- 8 g wakame (gedroogd)
- 1200 ml water (voor de soep)
- 3 eetlepels misopasta
- 115 g tofu (grof gesneden)
- 1 bosui (alleen de groene)

voorbereiding

1. Voor de misosoep met shiitake-paddestoelen, eerst de gedroogde paddenstoelen en wakame-algen apart in warm water leggen gedurende 20 minuten en daarna afgieten. In dunne plakjes snijden.
2. Breng het water aan de kook, roer de misopasta erdoor, voeg de champignons toe en laat 5 minuten op laag vuur sudderen.
3. Verdeel de tofu en de algen gelijkmatig over 4 voorverwarmde soepkommen, vul ze met de misosoep met shiitake-paddenstoelen en strooi er bosui overheen.

72. Veganistische misosoep

ingrediënten

- 1 liter groentesoep
- 4 tl misopasta (licht)
- 6 shiitake-paddestoelen
- 1/2 el sesamolie
- 1 eetlepel sojasaus
- 1/2 theelepel gemberpoeder
- 150 gram tofu
- 1 eetlepel wakame

voorbereiding

1. Voor de veganistische misosoep, week de wakama-algen 15 minuten en laat ze goed uitlekken. Snijd de shitake-paddenstoelen in kleine stukjes en meng ze met de groentesoep, sesamolie, sojasaus en gember in een pan. Laat de soep 5 minuten koken.

2. Snijd de wakameae en tofu in kleine stukjes en voeg toe aan de pan. Haal de soep van het vuur en roer de misopasta erdoor. De veganistische misosoep gerecht en serveer.

73. Ramensoep met mierikswortel

ingrediënten

- ½ stokje Allium (prei)
- 1 ui
- 2 teentjes knoflook
- 80 gram gember (vers)
- 2 eetlepels olie
- 1 varkenspoot
- 1 kilo kippenvleugels
- zout
- 2 stuks (kombu-algen; gedroogde algen; Asia shop)
- 30 gram gedroogde shiitake
- 1 bosje lente-uitjes

- 2 eetlepels sesamzaadjes (licht)
- 1 vel nori
- 6 eieren
- 300 gram ramennoedels
- 50 gram miso (licht)
- 2 eetlepels Mirin (Japanse witte wijn)
- 65 gram mierikswortel
- Sesamolie (geroosterd)

voorbereiding

1. Maak de prei schoon, was hem en snijd hem in grote stukken. Pel de ui en knoflook, kwart de ui. Was 60 g gember en snijd hem in plakjes. Verhit olie in een pan. Rooster de prei, ui, knoflook en gember hierin op hoog vuur tot ze lichtbruin zijn.
2. Doe de gebakken groenten met de afgespoelde varkensknokkel en kippenvleugels in een grote pan en vul aan met 3,5 liter water. Breng alles langzaam aan de kook en laat het op laag vuur zonder deksel ongeveer 3 uur sudderen. Schep het opstijgende schuim eraf. Breng de bouillon na 2 uur op smaak met zout.
3. Giet de bouillon door een fijne zeef in een andere pan (voor ca. 2,5-3 l). Ontvet de

bouillon eventueel een beetje. Veeg het kombu-zeewier af met een vochtige doek. Voeg de shiitake-paddenstoelen en kombu-algen toe aan de hete bouillon en laat 30 minuten trekken.

4. Verwijder de varkensknokkel van zwoerd, vet en bot en snijd in hapklare stukken. Gebruik de kippenvleugels niet voor de soep (zie tip).

5. Schil de overige gember en snijd in dunne reepjes. Maak de bosuitjes schoon en was ze, snijd ze in fijne ringetjes en leg ze in koud water. Rooster de sesamzaadjes in een droge pan tot ze lichtbruin zijn. Snijd de nori-zeewier in vieren, rooster ze kort in een droge pan en snijd ze in hele fijne reepjes. Pluk de eieren, kook ze 6 minuten in kokend water, spoel ze af met koud water, pel ze voorzichtig. Kook de pasta 3 minuten in kokend water, giet ze in een zeef, spoel ze kort af met koud water en giet ze af.

6. Haal de paddenstoelen en combi-algen uit de bouillon. Verwijder de steeltjes van de paddenstoelen, hak de champignonhoedjes fijn, gebruik de combi-algen niet meer. Verwarm de bouillon (niet koken). Roer de

misopasta en mirin erdoor, voeg de gehakte shiitake-paddenstoelen toe. Laat de bosuitjes uitlekken in een vergiet. Schil de mierikswortel.

7. Verdeel de bouillon in kommen. Doe de varkensknokkel, noedels, gehalveerde eieren, sesamzaadjes, gember, bosui en nori zeewier erin. Serveer met veel versgeraspte mierikswortel en sesamolie.

74. Tofu-misosoep met sobanoedels

ingrediënten

- Soba (soba-noedels: spaghetti gemaakt van boekweit en tarwe)
- 2 theelepels sesamolie (geroosterd)
- 1 eetlepel sesamzaadjes
- 4 bosuitjes
- 2 mini komkommers
- 100 gram spinazieblaadjes
- 200 gram tofu
- 1¼ liter groentebouillon
- 1 stukje gember (ca. 20 g)
- 2 tl (instant wakame-algen)

- 2½ el Shiro miso (pasta van de biologische of Aziatische markt)
- Korianderblaadjes (voor garnering)

voorbereiding

1. Kook de sobanoedels volgens de aanwijzingen op de verpakking. Giet in een zeef, laat goed uitlekken en meng met de sesamolie. Rooster de sesamzaadjes in een antiaanbakpan tot ze goudbruin zijn. Haal het van het vuur en laat het afkoelen.
2. Maak de bosuitjes schoon en was ze, snijd het witte en lichtgroene deel in fijne ringen. Was de komkommers en snijd ze in staafjes van ongeveer 3 cm lang. Sorteer de spinazie, was en schud droog, verwijder de grove stelen. Dep de tofu droog en snijd in blokjes van 2 cm.
3. Breng de bouillon aan de kook in een pan. Schil de gember en snijd in plakjes, voeg toe aan de bouillon met het zeewier en laat ongeveer 2 minuten sudderen. Meng de misopasta met 5 eetlepels water tot een gladde massa, voeg toe aan de bouillon en laat nog 5 minuten koken. Voeg vervolgens

tofu, bosui en komkommer toe aan de soep en breng aan de kook.
4. Om te serveren, was de koriander en schud droog. Verdeel de sobanoedels en spinazie in kommen of kopjes en giet de kokende bouillon erover. Strooi de geroosterde sesamzaadjes en korianderblaadjes erover. Serveer direct.

75. Japanse soep

- **ingrediënten**
- Eventueel 2 eetlepels gedroogd zeewier (wakame)
- 50 g shiitake-paddestoelen of eventueel champignons
- 1 wortel (groot)
- 1 ui (klein)
- 100 g prei
- 2,5 tl Dashi-no-moto (Japans vissoeppoeder, A Laden; of instant runderbouillon)
- 3 eetlepels lichte sojasaus (Usukuchi)
- 1 theelepel zout
- 2 eieren

voorbereiding

1. Laat de algen minimaal 2 uur weken in koud water, knijp ze voorzichtig uit en snijd ze af.

2. Scheur de champignons af en snijd ze in dunne plakjes, schil de wortelen en snijd ze in reepjes.

3. Pel de ui en snijd hem in halve ringen, maak de prei schoon, halveer hem en snijd hem eerst in stukken van 3 cm lang en vervolgens in reepjes.

4. Meng het vissoeppoeder in 1,1 liter kokend water, voeg de sojasaus en het zout toe. Bak de groenten in de soep ongeveer 2 minuten.

5. Meng de eieren en giet ze langzaam in een dunne straal (vanaf een hoogte van ca. 40 cm) bij de soep. Laat het 1 minuut staan en breng de soep op tafel.

76. Japanse paddenstoelennoedelsoep

ingrediënten

- 1200 ml Dashi-soep
- 1 el mirin; of sake
- 1 eetlepel ruwe suiker
- 1 stukje gember (vers, geraspt)
- Sojasaus; naar behoefte

Inleg:

- 350 g Zeer fijne Chinese eiernoedels, bijvoorbeeld ramen
- 3 fijne bosuitjes
- 1 scharrelkomkommer (klein)

- 100 g Enoki-paddestoelen
- 100 g zeer kleine oesterzwammen
- 50 g spinazie (bladeren)
- 150 gram tofu; in reepjes of blokjes gesneden

voorbereiding

1. Probeer dit heerlijke pastagerecht:
2. Laat de soep koken, breng op smaak met suiker, rijstwijn, gember en sojasaus. Kook de pasta kort in kokend gezouten water tot al dente, giet af en verdeel gelijkmatig over soepkommen.
3. Snijd de bosui, schil de komkommer, halveer, verwijder de kern en snijd in smalle reepjes. Verdeel gelijkmatig over de bakplaten met de champignons.
4. Giet er de hete soep overheen. Serveer.

77. Japanse noedelsalade

ingrediënten

- 2 Chinese koolbladeren
- 5 bosuitjes (het groen ervan)
- 1 wortel (geblancheerd)
- 250 kg pasta (naar keuze)
- 3 plakjes ham (gekookt)
- 1/2 komkommer (geschild)

Saus:

- 3 eetlepels Tamari sojasaus
- 2 eetlepels suiker
- 5 eetlepels kippensoep
- 1 theelepel wasabi (mierikswortelpoeder)
- 1 tl sesamolie

- 3 eetlepels rijstwijnazijn

Omelet:

- 2 eieren
- 1 eetlepel water
- 1 theelepel maizena

voorbereiding

1. Voor de Japanse noedelsalade, los de suiker op in de azijn. Meng met de overige ingrediënten van de saus.
2. Meng 2 geklopte eieren, een lepel water en 1 theelepel mais tot een omeletmengsel en bak het in een pan met een beetje olie. Snijd het vervolgens in reepjes.
3. Snijd alle overige ingrediënten in kleine stukjes. Leg de wortel en Chinese koolbladeren apart, roer de rest in een slakom.
4. Kook de pasta tot hij zacht is en voeg op het laatste moment de kool en de wortelen toe.
5. Zeef en spoel kort met koud water. Voeg toe aan de saladekom en marineer met de saus. Laat de Japanse noedelsalade weken en serveer.

78. zoetzure soep

ingrediënten

- 150 g kipfilet (of alternatief 1 blikje tonijn)
- 1-2 l kippensoep
- 1/2 theelepel zout
- 2 eetlepels sojasaus
- 1 eetlepel azijn
- 1 DE ketchup
- 1 handvol morieljes
- 1 handvol shiitake-paddestoelen
- 2 karren
- 2 eetlepels pindaolie
- 3 eetlepels zetmeel

voorbereiding

1. Voor de soep kunt u de kippenbouillon een dag van tevoren klaarmaken of 2 kippensoepblokjes in heet water oplossen.
2. Snijd de kip fijn en meng met een marinade van sojasaus, zout, azijn en ketchup. Laat het minstens 30 minuten trekken.
3. Snijd de morieljes en shitake-paddestoelen fijn en rasp de wortels. Verhit de pindaolie in een wok en braad de kip hierin aan.
4. Blus af met de warme kippensoep en breng aan de kook. Voeg de wortels, morieljes en shitake-paddenstoelen toe en laat sudderen.
5. Los zetmeel op in 5 eetlepels warm water en roer langzaam door de soep. Breng het opnieuw aan de kook. Klop de eieren in een kom en klop goed.
6. Voeg nu snel het eimengsel met een eetlepel toe aan de hete soep. Maak cirkelvormige bewegingen zodat het ei goed verdeeld wordt.
7. Op smaak brengen met zout, peper en suiker.

79. Japanse groentesoep

ingrediënten

- 8 champignons (groot)
- 125 g taugé
- 250 g bamboescheuten
- 100 gram spinazie
- 3 eieren
- 800 ml kippenbouillon

voorbereiding

1. Een bonenrecept voor elke smaak:
2. Maak de champignons schoon, spoel ze af en laat ze uitlekken. Snijd ze in kleine plakjes.

3. Doe de taugé en bamboescheuten in een zeef en laat ze goed uitlekken.
4. Snijd de bamboescheuten in smalle reepjes.
5. Selecteer de spinazie, was deze en snijd deze in reepjes.
6. Verdeel de groenten gelijkmatig over 4 ovenvaste soepkommen.
7. Meng de soep met de eieren en giet het over de groenten.
8. Sluit de bakjes af met aluminiumfolie, zet ze in de lekbak van de oven en giet er kokend water overheen.
9. Zet het op het vuur (E: 175 °C) en laat het ongeveer een half uur koken.
10. Haal het eruit en breng het ter plekke naar de tafel.
11. Als u geen bamboescheuten lust, kunt u ook reepjes Chinese kool gebruiken.

80. Japanse soep met zeewier

ingrediënten

- 1000 ml groentesoep
- 80 ml sojasaus
- 1 stationwagen; 10x10 cm vlekken (gedroogde bruine algen)
- 20 g bonitovlokken
- 10 shiitake-paddestoelen (vers)
- 20 g Mu-Err-paddestoelen
- 150 gram tempeh
- 30 gram wakame

voorbereiding

1. Voor de basisbouillon, schraap je de combinatie kort af met een natte kom en verwarm je deze in de koude groentesoepkom en met de bonitovlokken tot het kookt. Haal de heldere soep van het vuur en giet deze door een fijne zeef. Gebruik geen kombu en bonito meer.
2. Dit basismateriaal is ook als eindproduct verkrijgbaar. Het heet dan Dashi-no-Moto en wordt alleen in water gemengd.
3. Week de mu-err paddenstoelen in koud water en snijd de shii-take paddenstoelen en tempeh in blokjes. Verwarm de Shii Take paddenstoelen, Mu Err paddenstoelen, tempeh en wakame in de heldere soep en zet ze warm op tafel.

VLEES RECEPTEN

81. Rundvlees- en uienbroodjes

ingrediënten

- 4 sneetjes entrecote (dun, of rosbief of ossenhaas)
- 4 bosuitjes
- 1 theelepel suiker
- 2 tl sojasaus
- Gember (vers gesneden)
- 1 tl sherry

- Olie (om te frituren)

voorbereiding

1. Voor de beef and onion rolls snijdt u eerst de lente-uitjes in de lengte in reepjes. Leg het vlees erop, bedek met reepjes lente-uitje en rol strak op.
2. Voor de marinade meng je de sojasaus, suiker, een beetje gember en sherry.
3. Leg de vleesrolletjes erin en laat ze ongeveer 30 minuten marineren.
4. Haal de rolletjes vervolgens uit de pan en bak ze op de grill of in een pan (met een beetje hete olie) gedurende ongeveer 3 minuten, tot ze aan beide kanten goudbruin zijn.

82. Geglazuurde kip met sesamzaadjes

ingrediënt

- 1 kg kippendijen
- 50 gram gember
- 1 teentje knoflook
- 100 ml Mirin (zoete rijstwijn; eventueel sherry)
- 100 ml sojasaus (Japans)
- 2 eetlepels suiker
- zout
- 2 eetlepels sesamolie

voorbereiding

1. Voor de kip met sesam moet u de kippenpoten wassen. Als u hele kippenpoten hebt gekocht, snijdt u de poten en de onderpoten doormidden.
2. Verwijder de schil van de gember en rasp deze. Pel en plet de knoflook. Roer 1 1/2 theelepel gember en knoflook met suiker, sojasaus, mirin, een snufje zout en een paar druppels sesamolie. Doe het vlees in de marinade zodat het aan alle kanten goed bedekt is. Dek af en laat het minstens 3 uur, bij voorkeur een nacht, in de koelkast staan.
3. Haal het vlees uit de marinade en laat het goed uitlekken. Bak het aan beide kanten bruin in hete olie. Giet de olie af en giet de marinade over het vlees. Laat het in de gesloten koekenpan op een lage temperatuur 20 minuten sudderen.
4. Bak het vlees nog 5 minuten in de open koekenpan, tot de saus stroperig is. De kip met sesamzaadjes serveer je dan het beste met een kom rijst.

83. Japans gebraden varkensvlees

ingrediënten

- 600 g varkensvlees (schouder of drumstick)
- zout
- Karwijzaad
- 50 gram vet
- 10 gram bloem
- 1 ui (gesneden)
- 50 g selderij (gesneden)
- 1 eetlepel mosterd
- water

voorbereiding

1. Voor het Japanse gebraden varkensvlees, bak de ui en selderij in heet vet. Wrijf het

vlees in met karwijzaad en zout, leg het op de groenten en bak beide.
2. Giet er na een half uur water over. Voeg even later de mosterd toe. Bestuif tot slot het sap, breng aan de kook en zeef. Serveer het Japanse gebraden varkensvlees.

84. Runderrollade met jonge worteltjes

ingrediënten

- 500 g rundvlees (in zeer dunne plakjes)
- 24 babyworteltjes (of 1 1/2 worteltje)
- zout
- Maïszetmeel
- 1 eetlepel mirin
- 1 el sojasausbereiding
- peper

voorbereiding

1. Voor de beef rolls, meng mirin en sojasaus in een kom. Snijd de wortels in vieren en doe ze in een magnetronbak met water.

2. 3-4 minuten in de magnetron. Zout en peper het rundvlees en rol 2 gevierendeelde wortels in 1 plak. Draai de afgewerkte broodjes in maizena.
3. Verhit de olie in een pan en bak de rolletjes hierin. Giet de saus erover en laat het indikken. Serveer de beefrolletjes met rijst of salade.

85. Aziatische noedels met rundvlees

ingrediënten

- 200 g udon-noedels
- 300 g rundvlees
- 1 prei(nen)
- 1 eetlepel sojasaus
- 1 limoen
- 1 theelepel chilipeper (gemalen)
- 3 eetlepels sesamolie (om te frituren)
- 50 g taugé

voorbereiding

1. Voor de Aziatische noedels met rundvlees kookt u de noedels volgens de aanwijzingen op de verpakking.
2. Snijd de prei fijn en snijd het rundvlees in blokjes. Verhit de olie en bak de prei en het rundvlees hierin.
3. Voeg de taugé, limoensap, chilivlokken en sojasaus toe en bak nog 2 minuten.
4. De Aziatische noedels met rundvlees gerecht samenvoegen en serveren.

86. Wokgroenten met vlees

ingrediënten

- 400 g varkensvlees
- 580 g gebakken groenten (iglo)
- 6 eetlepels koolzaadolie
- marjolein
- tijm
- zout
- peper

voorbereiding

1. Voor de roergebakken groenten met vlees, snijdt u eerst het varkensvlees in blokjes en weekt u het in een mengsel van koolzaadolie,

zout, peper, marjolein en tijm. Laat het minstens 3 uur trekken, bij voorkeur een nacht.
2. Doe het varkensvlees in een wok zonder extra olie en bak tot het heet is. Voeg de wokgroenten toe en wacht tot het water verdampt is.
3. Bak dan alles weer even aan elkaar. De roergebakken groenten met vlees zijn ook lekker met zout en peper en worden geserveerd.

87. Japanse BBQ varkensbuik

ingrediënten

- 400 g varkensbuik (in dunne plakjes)
- 1/4 ui
- 1 stukje gember (klein)
- 1 bosui
- 2 teentjes knoflook (geperst)
- 2 chilipepers (gedroogd)
- 2 eetlepels sake
- 2 eetlepels sojasaus
- 1 1/2 el honing
- 1/2 ketchup
- 1 el sesamzaadjes (geroosterd)
- peper

voorbereiding

1. Voor het Japanse BBQ-varkensbuikspek rasp je de ui en gember in een kom.
2. Snijd de bosui fijn en meng alle ingrediënten tot een marinade. Week de varkensbuik 1 uur in de marinade. Grill de varkensbuik aan beide kanten tot hij knapperig is.
3. Serveer de Japanse BBQ-varkensbuik.

88. Japanse spareribs

ingrediënten

- 1 kg spareribs
- 1 kopje(s) sojasaus
- 1 kopje(s) mirin
- 1/2 kopje(s) suiker
- 1/4 kopje (s) Koreaanse hete peperpasta (Sun Kochuchang)
- 6 teentjes knoflook (geperst)
- 2 eetlepels sesamolie
- 1 eetlepel sesamzaadjes
- 1 bosui

voorbereiding

1. Voor de Japanse spareribs meng je alle ingrediënten in een kom. Laat de spareribs een nacht in de marinade trekken.
2. Sappig grillen op de grill.

89. Sobanoedels met kip

ingrediënten

- 250 g sobanoedels (Japanse noedels)
- 1 theelepel gember sap (vers)
- 200 g kipfilet
- 140 g bosui
- 2 eetlepels pindaolie
- 400 ml Ichiban Dashi (basis soep)
- 140 ml sojasaus (hel)
- 1 eetlepel mirin
- 2 eetlepels nori zeewier
- 2 eetlepels Katsuo-Bushi (gedroogde bonitovlokken)
- 1 el sesamzaad (geroosterd)

voorbereiding

1. Voor sobanoedels met kip, kook de noedels eerst in gezouten water tot ze al dente zijn, giet ze af en spoel ze af met heet water. Laat ze uitlekken. Gebruik ze zo snel mogelijk, anders zwellen ze op en verliezen ze hun stevigheid.
2. Snijd de kip in vingerdikke reepjes en besprenkel met gembersap. Doe de fijngesneden uien in de hete olie. Pof de dashi met mirin en sojasaus. Roer de uitgelekte pasta erdoor.
3. Verdeel de noedels gelijkmatig over kommen, bedek met het vlees-uienmengsel, bestrooi met fijngehakte zeewier, bonitoschaafsel en sesamzaadjes. Zet sobanoedels met kip op tafel.

90. Pasta met rundvlees en groenten

ingrediënten

- 10 g Mu-Err-paddestoelen
- zout
- 250 gram rundvlees; of varkensvlees, Duits
- 300 g gemengde groenten (bijv. prei, wortelen)
- 100 g sojaboonzaailingen
- 2 eetlepels pindaolie
- 1 eetlepel gember (heel fijngehakt)
- 2 teentjes knoflook
- 400 g Chinese noedels
- zout
- 250 ml kippensoep
- 1 theelepel maizena

- 2 eetlepels sake (of droge sherry)
- 2 eetlepels sojasaus
- 1 snufje Sambal Ölek

voorbereiding

1. Pastagerechten zijn altijd heerlijk!
2. Week de champignons in water. Maak pasta in licht gezouten water. Snijd het vlees in fijne, kleine plakjes. Maak de groenten schoon en snijd ze indien mogelijk in reepjes. Blancheer (verbrand) de taugé in een vergiet met kokend water.
3. Verhit 1 eetlepel olie in een grote pan of wok. Giet het vlees erin en bak snel, onder voortdurend omdraaien. Haal het eruit en zet het apart.
4. Giet de resterende olie in de pan. Bak de groenten, de uitgelekte sojascheuten, de champignons, de gemberwortel en de uitgeknepen knoflook kort met 2 snufjes zout terwijl u roert. Haal uit de braadpan en voeg toe aan het vlees.
5. Meng alle ingrediënten voor de saus, voeg toe aan de pan of eventueel de wokpan en roer al roerend. Breng op smaak indien nodig.

Meng de groenten en het aangebraden vlees met de hete saus. Doe dit niet meer.
6. Leg het vlees, de groenten en de saus op de uitgelekte pasta.

GEVOGELTE

91. Yaki Udon met Kipfilet

ingrediënten

- 200 g yaki udon (dikke tarwenoedels)
- 300 g gemengde roerbakgroenten
- 200 g kipfilet
- 1 tl sesamolie
- 4 eetlepels zonnebloemolie

- 1/2 theelepel knoflookchili (knoflook gemengd met gehakte chilipeper)
- 1 stukje (2 cm) verse gember
- 2 eetlepels sojasaus
- 1 eetlepel suiker
- 1 theelepel sesamzaadjes ter garnering

voorbereiding

1. Voor de yaki udon, breng ruim water aan de kook en kook de noedels hierin ongeveer 5 minuten. Giet af, spoel af met koud water en laat uitlekken.
2. Snijd de kipfilet en de schoongemaakte groenten in vingerbrede reepjes, hak de gember fijn.
3. Verhit een wok of een zware pan, giet er sesam- en zonnebloemolie in en verhit. Bak de reepjes groenten en het vlees erin. Voeg de knoflookpeper, suiker, sojasaus en gember toe en bak 3 minuten. Voeg de pasta toe en bak ook even kort.
4. Verdeel de yaki udon over kommen en bestrooi ze voor het serveren met sesamzaadjes.

92. Chili kip rijst pan

ingrediënten

- 8 kippenpoten (klein)
- 1 pakje Knorr Basis Crispy Kippenpoten
- 1 blokje Knorr heldere soep
- 200 gram Basmati-Journey
- 4 tomaten (klein)
- 2 eetlepels paprikapoeder
- 2 eetlepels tomatenpuree
- 1 st. Paprika (rood)
- Chili (voor de smaak)
- Peterselie (vers)

voorbereiding

1. Voor de chili-kip-rijstpan bereidt u de kippendijen op KNORR-basis volgens de aanwijzingen op de verpakking.
2. Ondertussen de rijst in een pannetje roosteren zonder vet toe te voegen. Blus af met drie keer zoveel water en breng aan de kook met de paprikapoeder, tomatenpuree en het soepblokje. Laat de chili kip rijst pan sudderen tot de rijst zacht is.
3. Snijd ondertussen de paprika en tomaten in grote stukken en voeg toe aan de kip. Meng de gekookte rijst met de schenkels en serveer met peterselie.

93. Kip in pittige karnemelkpaneermeel

ingrediënten

- 500 g kip (drumsticks of kippenvleugels)
- 150 ml karnemelk
- 4 teentjes knoflook (geperst)
- 1 chilipeper (fijngehakt)
- 1 eetlepel citroensap
- zout
- peper
- 3 eetlepels bloem (afgestreken)

voorbereiding

1. Voor de kip in een pittige karnemelkpaneerlaag, meng de ingrediënten voor de marinade goed en laat de stukken kip er ongeveer 1 uur in weken. Schud de bloem en kip goed in een afsluitbare zak.
2. Bak ze in ruim hete zonnebloemolie op 170 °C gedurende ongeveer 8 minuten. Wanneer ze goudgeel zijn, haal ze dan uit het vet en laat ze even uitlekken op keukenpapier.
3. Besprenkel de kip met een pittige karnemelkpaneerlaag en vers citroensap voordat u hem serveert.

94. Kippenpoten met tomaten

ingrediënten

- 4 kippenpoten
- 50 g gerookt spek (om te kauwen)
- zout
- peper
- 100 gram thee
- 1 ui (gesneden)
- 100 g Zeller (geraspt)
- 3 stuks tomaten
- 1 el bloem (glad)
- 1/2 bosje peterselie (gesneden)

voorbereiding

1. Voor de kippenpoten met tomaten, bestrijk de kippenpoten met spek, bestrooi ze met zout en peper en bak ze in de hete THEE.
2. Voeg ui en kelder toe en bak kort. Stoom de tomaten in een beetje gezouten water, zeef en voeg toe aan de kippenpoten. Stoof op lage temperatuur gedurende 35 minuten, tot het vlees mals is.
3. Bestrooi het sap met bloem, breng opnieuw aan de kook en serveer de kippenpoten met tomaten, bestrooid met peterselie.

95. Kipfilet in een aromatische saus

ingrediënten

- 200 g tofu (stevig: kleine blokjes)
- Olie (om te frituren)
- 15 g shitake-paddenstoelen (gedroogd)
- 200 ml groentebouillon
- 6 eetlepels tomaten (gezeefd)
- 4 eetlepels middelgrote sherry
- 3 eetlepels sojasaus
- 1 theelepel gember (vers, gehakt)
- 1 theelepel honing
- Chilipoeder
- 2 eetlepels olie
- 1 teentje(s) knoflook (fijngehakt)

- 200 g kipfilet (dunne reepjes)
- zout
- 1 theelepel maizena
- 3 eetlepels water (koud)
- 1 wortel (fijne potloden)
- 80 g taugé
- 2 bosuitjes (fijne ringen)

voorbereiding

1. Dep de tofu droog en bak in olie tot ze goudbruin zijn. Om overtollig vet te verwijderen, leg je de tofublokjes even in heet water, giet je ze af en dep je ze af. Spoel de gedroogde paddenstoelen af, giet er kokend water overheen en laat ze 1 uur zwellen. Giet ze af, laat ze uitlekken en snijd ze in dunne plakjes. Meng voor de aromatische saus de groentebouillon, tomatensaus, medium sherry, sojasaus, gember, honing en een snufje chilipeper. Verhit 1 eetlepel olie in een wok of een pan met antiaanbaklaag. Bak de knoflook en kip er even in, roerbak ze en bestrooi ze licht met zout. Meng de paddenstoelen erdoor. Meng de aromatische saus en de tofublokjes erdoor. Laat alles afgedekt 10 minuten

sudderen. Meng de maizena met 3 eetlepels koud water tot een glad mengsel, roerbak ze en laat even sudderen tot de saus dikker wordt. Verhit 1 eetlepel olie in een pan met antiaanbaklaag of in een wok tegen het einde van de kooktijd. Bak de wortels er even in, roerbak ze licht met zout. Meng de spruitjes en bosui erdoor en bak kort al roerend. Meng de wortelen, spruitjes en bosui met de tofu en kip in een aromatische saus.

96. Sobanoedels met kip

ingrediënten

- 250 g sobanoedels (Japanse noedels)
- 1 theelepel gember sap (vers)
- 200 g kipfilet
- 140 g bosui
- 2 eetlepels pindaolie
- 400 ml Ichiban Dashi (basis soep)
- 140 ml sojasaus (hel)
- 1 eetlepel mirin
- 2 eetlepels nori zeewier
- 2 eetlepels Katsuo-Bushi (gedroogde bonitovlokken)
- 1 el sesamzaad (geroosterd)

voorbereiding

1. Voor sobanoedels met kip, kook de noedels eerst in gezouten water tot ze al dente zijn, giet ze af en spoel ze af met heet water. Laat ze uitlekken. Gebruik ze zo snel mogelijk, anders zwellen ze op en verliezen ze hun stevigheid.
2. Snijd de kip in vingerdikke reepjes en besprenkel met gembersap. Doe de fijngesneden uien in de hete olie. Pof de dashi met mirin en sojasaus. Roer de uitgelekte pasta erdoor.
3. Verdeel de noedels gelijkmatig over kommen, bedek met het vlees-uienmengsel, bestrooi met fijngehakte zeewier, bonitoschaafsel en sesamzaadjes. Zet sobanoedels met kip op tafel.

97. Sobanoedels

ingrediënten

- 250 g sobanoedels (Japanse boekweitnoedels)
- 140 g bosui
- 400 ml Ichiban Dashi (soep, Japans)
- 1 theelepel gember sap (vers)
- 200 g kip (borst)
- 2 eetlepels Katsuo-Bushi (gedroogde bonitovlokken)
- 1 el sesamzaad (geroosterd)
- 2 eetlepels pindaolie
- 1 eetlepel mirin
- 2 eetlepels nori zeewier
- 140 ml sojasaus (hel)

voorbereiding

1. Voor sobanoedels: kook de noedels in gezouten water tot ze al dente zijn, giet ze af en spoel ze af met heet water. Laat ze uitlekken.
2. Snijd de kip in kleine vingerdikke reepjes en besprenkel met gembersap. Bak de fijngesneden ui en kip in de hete olie.
3. Breng de dashi met sojasaus en mirin aan de kook. Roer de uitgelekte spaghetti erdoor.
4. Serveer de sobanoedels bestrooid met de kip, fijngehakte zeewier, sesamzaad en bonitoschaafsel.

98. Roergebakken eendenborst

ingrediënten

- 2 eendenborstfilets
- 3 sjalotten (eventueel meer)
- 1 gemberwortel, ongeveer 5 centimeter
- 1 sinaasappel (onbehandeld)
- 1 bosui
- 1 rode chilipeper, mild
- 2 eetlepels sesamolie
- 2 eetlepels plantaardige olie
- 1 snufje kaneel
- 75 ml kippensoep
- 1 eetlepel honing

- 2 eetlepels sake (Japanse rijstwijn) (misschien meer)
- 2 eetlepels sojasaus
- Peper (versgemalen)

voorbereiding

1. Spoel de eendenborstfilets af, droog ze en snijd ze diagonaal in plakken van 1 cm dik.
2. Pel de sjalotten en snijd ze fijn. Schil en rasp de gember.
3. Spoel de sinaasappel grondig af, pel de schil eraf of pel de schil eraf en pers het sap eruit. Snijd het wit en lichtgroen van de bosui in hele smalle ringen. Halveer de chilipeper, verwijder de kern en snijd hem in dunne reepjes.
4. Verhit de koekenpan of, indien nodig, de wok, voeg de olie toe en laat deze heel heet worden. Bak de stukken eend drie tot vier minuten onder voortdurend roeren. Voeg sjalotten en gember toe en braad nog twee minuten.
5. Giet het sinaasappelsap, kaneel, sinaasappelschil, sake, kippensoep, honing, sojasaus en chilipeper erbij en kook op een hoge temperatuur terwijl je blijft roeren.

Breng goed op smaak met sojasaus en versgemalen peper.
6. Leg de langkorrelige rijst op een bord en serveer de eendenborst, bestrooid met ringetjes lente-ui, op tafel.
7. Basmatirijst past er goed bij.

99. Salade met kipfilet en groene asperges

ingrediënten

- 2 kipfilets
- 3 eetlepels sojasaus
- 3 eetlepels sake (rijstwijn) of sherry
- 250 ml kippensoep
- 200 g asperges
- zout
- 2 eieren
- 1 eetlepel sesamolie
- 3 eetlepels pindaolie
- Slablaadjes
- 1 theelepel lichte miso (bonenpasta)
- 0,5 tl wasabi (pittig mierikswortelpoeder)

- 1 theelepel rijstazijn
- suiker

voorbereiding

1. Wrijf het vlees in met een lepel sojasaus en marineer het een half uurtje.
2. Giet in een pan met kokende heldere soep en pocheer zachtjes gedurende vijf tot acht minuten op lage temperatuur. Laat afkoelen in de saus.
3. Snijd de geschilde asperges schuin in vijf centimeter lange stukken. Kook ze in gezouten water ongeveer vijf minuten tot ze knapperig zijn, kook alleen de puntjes twee minuten.
4. Meng de eieren met een lepel sojasaus, sake en sesamolie. Bak in een pan met pindaolie bijna doorschijnende omeletten op lage temperatuur. Stapel deze afwisselend met slablaadjes en rol ze op, snijd ze diagonaal in dunne reepjes.
5. Meng twee eetlepels pindaolie, een eetlepel sojasaus, een eetlepel wasabipoeder, miso, sake en een paar druppels heldere soep tot een romige vinaigrette. Breng op smaak met azijn en suiker.

6. Snijd de kip in kleine plakjes, meng ze met de asperges en de omeletreepjes, serveer met de vinaigrette en serveer.

100. Yakitori

ingrediënten

- 8 eetlepels sojasaus, Japans
- 8 eetlepels mirin
- 2 plakjes gember, geraspt
- Aambeeld spiesjes
- 400 g kip

voorbereiding

1. 2 plakjes gember, geraspt, geperst
2. De kip wordt afgespoeld, gedroogd en in kleine blokjes gesneden (ongeveer 2 cm randlengte). Van de sojasaus, de mirin (een zoete rijstwijn) en het gembersap wordt een

marinade gemaakt, waarin het vlees ongeveer een half uur rust.

CONCLUSIE

Japanse recepten bieden een heerlijke variatie aan vegetarische en niet-vegetarische opties. Deze verfijnde keuken moet u zeker minstens één keer in uw leven proberen.